COMTE DE MARSY

LECTURES

ET

SOUVENIRS

1894-1896

COMPIÈGNE
IMPRIMERIE POUTREL FRÈRES
9, RUE DES PATISSIERS, 9

1896

LECTURES

ET

SOUVENIRS

EXTRAIT DU JOURNAL

L'Echo de l'Oise

1894-1896

Tiré à cent Exemplaires.

COMTE DE MARSY

LECTURES

ET

SOUVENIRS

1894-1896

COMPIÈGNE

IMPRIMERIE POUTREL FRÈRES

9, RUE DES PATISSIERS, 9

1896

AU MARQUIS DE MONCLAR

Ministre plénipotentiaire

MON CHER FRANÇOIS,

Il y a longtemps, bien longtemps, trente-cinq ans, jour pour jour, mieux vaudrait n'en plus rappeler la date, nous nous sommes trouvés, placés par le hasard, côte à côte, à notre premier cours de l'Ecole des Chartes, dans ce beau salon de l'Hôtel de Soubise, où nous venions écouter les leçons de professeurs presque tous disparus aujourd'hui.

Sur les marges d'un cahier de beau papier vergé, — on en trouvait encore alors, — l'un esquissa un blason: l'autre traça quelque

*lambrequin ; la connaissance fut rapidement
faite, tu me parlais Provence, je te répon-
dais Picardie, et en quittant le quartier du
Temple, après avoir donné un coup d'œil sur
la cour d'un hôtel du Marais ou pénétré
dans une chapelle de couvent transformée
en atelier, nous revenions en longeant les
quais et en bouquinant dans les boîtes à
quatre sous qui renfermaient encore quelque chose à glâner.*

*Nos études terminées, tu commençais la
carrière diplomatique dont tu as parcouru
avec succès tous les degrés jusqu'aux plus
hauts grades et que tu poursuis avec succès, et
pendant que tu partais pour le Mexique, je
restais seul à butiner, et faisais de l'archéologie mon unique occupation.*

*Malgré nos longues séparations, notre
amitié est restée la même, notre correspondance ne s'est jamais ralentie, et quand, entre
deux missions, tu reviens à Paris, nous nous
reprenons à courir les quais, ou, en déjeu-
nant, à esquisser sur une nappe quelques
motifs d'archéologie, idoles informes, ou
croquis gothiques, qui n'ont d'intérêt que
pour celui qui les trace et de prix que pour
celui à qui ils sont destinés.*

*Voici quelques pages écrites pendant ces
deux dernières années, au courant de la
plume, rapports, comptes-rendus de livres*

nouveaux, récits de voyages et souvenirs d'expositions déjà oubliées.

Permets-moi d'inscrire ton nom, en tête, en témoignage de notre amitié si ancienne et pourtant toujours aussi vive qu'à l'approche de notre vingtième année.

MARSY.

Compiègne, Novembre 1896.

LE VIEIL ANVERS

Chaque année quelque ville importante de
l'Europe, et parfois du Nouveau-Monde comme
en 1893 Chicago, se met en grands frais de
constructions et de bâtisses plus ou moins
monumentales, convie les diverses nations du
monde à apporter chez elle pendant quelques
mois les produits de leur art et de leurs industries, et engage leurs habitants à venir comparer et admirer les somptueuses galeries de
ces gigantesques bazars.

En 1894, deux villes nous ont donné cet
exemple. Lyon a réuni, au bord du Rhône, les
produits de la France et de ce que nous pourrions appeler l'Union latine, mais un épou-
vantable crime est venu l'ensanglanter dès
le début et un triste voile de deuil semble pla-
ner encore sur les pavillons du parc de la
Tête d'Or, qui, malgré leur intérêt, ont paru
n'attirer qu'un petit nombre de visiteurs. A
Anvers, cette métropole commerciale de la
Belgique, on a voulu renouveler ce qui avait
si bien réussi en 1885, et, sur l'emplacement
de l'ancienne Citadelle du Sud, dernier boulevard du gouvernement hollandais qui tomba
sous les canons du maréchal Gérard, on a de
nouveau élevé de longues et hautes galeries
et édifié dans un parc, dont l'habile dessin
dissimule la trop faible étendue, des constructions les plus variées.

Là, depuis les sauvages de l'Amérique du Nord, jusqu'aux sujets du Céleste Empire, depuis les peuplades du nouvel Etat du Congo, jusqu'aux colons de l'Australie, tout le monde semble s'être donné rendez-vous.

Mais, est-ce pour voir ces longues files de produits des industries métallurgiques ou pour admirer les merveilleux ouvrages des dentellières, est-ce pour contempler ces tourelles destinées à armer des forts réputés invulnérables jusqu'au jour où quelque Turpin viendra trouver les projectiles qui les détruiront ou en tueront les défenseurs, et cet ensemble merveilleux des modèles des bâtiments à vapeur sur lesquels on traverse, avec un confortable toujours croissant et dans des temps qui se réduisent de plus en plus, les distances qui nous séparent de l'Amérique, de l'Océanie ou des côtes d'Afrique.

Non. Ce n'est pas non plus pour aller se distraire dans ces vastes caravansérails qui constituent comme un spécimen des diverses parties du monde oriental, depuis la rue du Caire, avec ses chameaux et ses almées jusqu'aux acteurs du Théâtre annamite, dont depuis 1889 nos oreilles n'ont pas oublié les cris et la musique discordante ; c'est encore moins pour nous arrêter devant les baraques qui font de ce quartier une véritable foire, dans laquelle, en face du moine qui fait l'éloge du caveau mystérieux, on voit la belle jeune fille à la robe en tissu de verre filé, soie incomparable et inusable, sur laquelle brillent, comme autant de diamants, de minuscules lampes électriques destinées à en rehausser l'éclat, et plus loin les exploits du capitaine Boyton dont les intermèdes vous offrent un nouveau divertissement, la montagne russe avec plongeon, ou les mystifications d'un émule de Barnum, le plus célèbre des américains, qui vous fait voir l'homme au gros pied, la femme ourse, et le tatoueur progressif et électrique.

Est-ce davantage pour contempler la colonne lumineuse qui sert de réclame à l'extrait de viande concentrée de Kemmerick, le rival de Liebig, ou pour goûter les boissons les plus variées depuis les vins de Californie jusqu'aux cidres d'Orange, depuis le café arabe jusqu'aux bières d'Allemagne, de Belgique ou de France, dans ces innombrables pavillons, aux formes étranges, depuis le burg des bords du Rhin jusqu'à l'éléphant gigantesque portant un restaurant à trois étages, au son d'orchestres aussi bruyants que variés où les lautars roumains alternent avec les minnstrels noircis, et les blondes viennoises, la flûte aux lèvres, avec les napolitains jouant sur leurs mandolines et leurs guitares les refrains au milieu desquels revient l'éternelle *Santa Lucia ?*

Non, franchement, là n'est pas le clou de l'Exposition, pas même dans ce gigantesque terrain où on a ménagé un étang et une rivière afin de permettre à de nombreux types de la race congolaise de nous donner le tableau de leurs divertissements et surtout celui de leur convoitise, car les premiers mots qu'ils ont appris à prononcer sont pour demander quelque chose, peu importe, une pièce de monnaie ou un cigare, un vieux gant ou une ombrelle, voire même un faux-col dont ils s'empressent de se parer, pendant qu'un peloton de leur milice, dans un costume analogue à celui des Turcos, manœuvre avec la raideur et la précision d'un détachement allemand venant prendre la garde sur la Parade-platz.

Mais alors, me dira-t-on, pourquoi aller à Anvers, puisque dans l'Exposition rien ne vous semble mériter une visite, pas même le Cyclorama des Alpes, dans lequel des montagnards remplacent la brise par le ranz des vaches et le La La-i-tou, ou le centre de l'Afrique qu'un hideux sauvage vous engage à visiter en tirant des sons discordants d'une corne de longueur invraisemblable.

Le *clou* de l'Exposition, car à toute exposition il faut un clou, c'est le vieil Anvers et cette restitution d'une ville de la fin du moyen âge laisse bien loin derrière elle tout ce qui a été imaginé jusqu'à ce jour dans ce genre, depuis la Bastille, de l'Exposition de Paris en 1889 jusqu'au château féodal de l'Exposition de Turin, et ce qui donne au quartier du Vieil Anvers cette écrasante supériorité, c'est que tout y semble vrai : constructions et habitants.

En 1892, l'Académie d'archéologie de Belgique, voulant célébrer son cinquantenaire, fit appel aux artistes d'Anvers et organisa sous le nom de Landjuweel une grande cavalcade, comprenant près de 3,000 personnes et plus de 40 chars historiques, pour représenter une des fêtes somptueuses que donnèrent, en 1561, les sociétés de rhétorique d'Anvers. Nous avons raconté à cette époque quel fut l'effet imposant de ce cortège parfaitement réussi qui, à trois reprises, parcourut les rues de la ville. Enhardi par ce grand et légitime succès, un trio d'érudits et d'artistes se proposa de tenter un essai analogue et, à l'occasion de l'Exposition, de faire revivre un des vieux quartiers de la ville, avec ses monuments publics et ses constructions privées, avec ses industries et son commerce, de le peupler d'habitants revêtus des costumes de leur temps, se livrant aux occupations et aux plaisirs que pouvaient se donner les sujets de Charles-Quint, de Philippe II et des archiducs, les contemporains de Juste Lipse et de Plantin, de Quentin Matzys et d'Otto Venius.

Une fois l'idée adoptée, les fonds trouvés, — on est sûr d'en recueillir à Anvers chaque fois qu'il s'agit d'une œuvre utile, d'un but charitable ou d'une manifestation artistique — les organisateurs, dont il faut avant tout citer les noms, se mirent à l'œuvre et se partagèrent la tâche. M. Max Rooses, conservateur du musée Moretus-Plantin, s'occupa des recherches historiques et du choix des édifices à reproduire, M. Frans van Kuyck, peintre et professeur à l'Académie royale d'Anvers et M. Eugène Geefs, architecte, se chargèrent de la reproduction des édifices, de leur décoration, du costume des personnages et de tout ce qui devait constituer le côté artistique de cette manifestation. D'autres personnes leur apportèrent aussi leur concours pour l'organisation des fêtes dont il fut décidé que le Vieil Anvers serait le théâtre pendant la durée de l'Exposition.

L'œil du visiteur est à la fois surpris et charmé, lorsque, du milieu des nombreux pavillons de dégustation d'un style plus ou moins douteux, il voit se détacher devant lui une belle construction en pierre, une porte à la massive colonnade, au fronton décoré d'un écusson gigantesque à l'aigle de l'Empire supporté par des lions et que surmonte une pyramide et qui est précédée d'un fossé devant lequel se promènent des hallebardiers au pourpoint rouge et des gardes de la ville au costume noir et jaune. C'est la porte de Kipdorp, élevée en 1523, témoin de la tentative infructueuse que fit en 1583 le duc d'Alençon pour s'emparer d'Anvers. C'est à notre époque seulement, il y a moins de trente ans qu'une administration communale décida la démolition de ce souvenir d'une défense dont les Anversois se montraient fiers. On leur promit, il est vrai, de mettre de côté, dans quelque cave l'arc de la *Camusade* et de le réédifier, mais, lorsqu'il en fut question, il y a quelques années, les pierres avaient disparu.

On n'entre pas ainsi tout droit dans la ville, il faut d'abord s'arrêter aux barrières et acquitter dans les bureaux d'accise, entre les mains de receveuses à la coiffe blanche, une taxe qui varie de dix à cinquante centimes suivant les plaisirs du jour et s'élève même à deux francs quand le Roi est au Vieil Anvers.

Il faut aussi se soumettre à la visite des percepteurs de l'octroi et déposer les appareils photographiques, car la reproduction du Vieil Anvers est l'objet d'un monopole et seul Lyon-Claesen a le droit de vous vendre un charmant album illustré par Frans Van Kuyck et dont le texte est dû à Max Rooses. Du reste vous ne pourriez avoir un meilleur guide et vous n'aurez pas à regretter vos vingt sous — car, par exception, dans le Vieil Anvers on reçoit la monnaie actuelle et il n'est pas nécessaire de se munir de florins, de patars et d'escalins.

La porte franchie, vous êtes dans la ville et devant vous se présente un pâté de maisons, avec au-devant d'elles un puits, et deux rues, une en face et une à gauche. Nous ne pouvons tracer pas à pas l'itinéraire à suivre, qu'il suffise de dire que l'une de ces rues, vous faisant passer devant la cour d'une de ces anciennes maisons hospitalières, comme on en voit encore dans quelques villes flamandes, nous montre les petites demeures qui servaient d'asile aux vieux ménages et sur une de ses faces une élégante chapelle, aux murs extérieurs de laquelle sont accolées des échoppes, comm. il en existe encore autour de la cathédrale d'Anvers ; qu'on arrive ainsi à une vaste place, dont un des côtés représente l'ancien Hôtel de ville et la Halle aux Draps et sur laquelle se trouvent de nombreux édifices parmi lesquels on remarque la maison scabinale et celle du Margrave ; qu'un passage couvert vous conduit à la Bourse, non celle qui fût brûlée il y a une vingtaine d'années, mais celle qui l'a précédée et qu'une autre rue vous ramène à la porte de sortie.

Maintenant arrêtons nous à regarder les boutiques. A droite, voici un menuisier qui confectionne des tables aux ais solides, des bancs et surtout des chaises au siège triangulaire, vieille forme que l'on trouvait autrefois partout en Flandre et dans le Brabant et que des chapiteaux de l'ancien Hôtel de ville de Bruxelles nous montrent servant d'armes aux bourgeois dans leurs querelles.

Plus loin c'est l'imprimeur qui vous offre la gazette à la première page de laquelle est la vue de la grande place d'Anvers en 1561, au moment où l'on commençait la construction du nouvel hôtel de ville.

En face, un forgeron, émule de Quentin Matzys, tord le fer avec habileté et en forge des garnitures de puits, des rampes et des enseignes, pendant que, devant un *travail*, ses aides sont prêts à remettre des fers aux montures des hommes d'armes.

Puis viennent, bien entendu, des cabarets et des tavernes, que distinguent leurs enseignes, les unes sculptées sur la pierre, les autres, ouvrages de ferronnerie, suspendues à d'élégantes potences.

Les maisons les plus importantes sont en pierre, d'autres en briques encadrées de pierre, un certain nombre enfin en pans de bois et ce ne sont pas les moins élégantes lorsque, comme celle des *armes de Malines* elles sont décorées de figurines et de frises ornementées. L'une d'elles est recouverte d'une treille chargée de raisins qui, par un ingénieux artifice, semble sortir d'un ceps, et par sa grosseur peut lutter pour l'âge avec la vigne qui fait l'une des curiosités de la cour de la maison Plantin.

Beaucoup des industries et des commerces exercés au moyen-âge sont représentés dans les maisons du Vieil Anvers. Nous l'avons dit : les tavernes et les cabarets ne manquent pas et on peut s'y rassasier d'hydromel ou de vin du Rhin, de genièvre et même de ces liqueurs des îles qui commençaient à être à la mode. Veut-on faire soi-même le menu de son repas comme autrefois, on va successivement *à la Couronne des Saucisses*, chez maître Classen, le charcutier, et ce haut personnage, car ses concitoyens l'ont appelé à remplir les fonctions de l'un des deux bourgmestres, vous coupera quelques tranches de cervelas ou de bœuf fumé d'Anvers, une des réputations du pays : dans une autre boutique, *Au Soleil* ou *Aux Epis de blé* vous trouverez des pains, des couques et des tartes, et vous pourrez emporter vos provisions, y ajouter même des fruits achetés à la *Pomme de Grenade* et aller manger le tout, sur une des tables placées dans la cour de la Vieille Bourse, en écoutant les refrains italiens que chantent les Pifferari, venus, comme autrefois d'au delà des monts, avec leurs vielles, leurs cornemuses et leurs tambourins, ou les joyeuses chansons flamandes que les garçons des cabarets entonnent entre deux tournées.

Préférez-vous aller dans une hôtellerie ou dans un restaurant, le choix ne vous manquera pas : s'il est jour maigre, nous vous recommandons *la Maison des Pilotes*, un des meilleurs établissements de la ville, où vous trouverez de pleins saladiers de moules, des homards, de belles dalles d'aiglefin, avec la sauce au beurre, la vraie sauce hollandaise qui n'a jamais connu la farine ; autrement préférez-vous aller au *Jardin joyeux*, S'il fait beau, vous pourrez vous asseoir sous les arbres en regardant les joueurs de boules et les tireurs d'arc et d'arbalète et vous faire donner sur des tables garnies de nappes de toile de Hollande avec bordures à carreaux rouges, un dîner complet, servi dans des plats d'étain, que vous mangerez avec des cuillers rondes et plates comme des miroirs et des fourchettes en fer, tandis que votre bière vous sera donnée dans des pichets en terre de Raëren ou de Bouffioux, à moins que vous ne préfériez arroser votre repas de vin du Rhin versé dans ces verres fins et délicats que les ouvriers d'Altaro vinrent fabriquer à Liège et qui défiaient toute concurrence avec les plus délicats produits de Venise et de Murano. S'il pleut ou s'il fait nuit, entrez dans la vaste salle dont chaque table est éclairée par une grosse bougie de cire placée dans un massif chandelier de cuivre; du plafond à poutrelles pendent des guirlandes de fleurs et de feuillages; au comptoir, trône revêtue d'un élégant costume de soie lilas que rehaussent des bandes de velours violet, la plus élégante des dépensières, chargée de régler la comptabilité, belle flamande aux yeux bleus, aux cheveux blonds que l'on croirait descendue de quelque tableau de Rubens ou de Crayer et au-dessus d'elle la statue de Saint-Sébastien, enseigne protectrice de la maison, est éclairée par une petite lampe qui brûle toujours en hommage, comme devant les deux cents Vierges qui, dans les différents quartiers d'Anvers forment le *palladium* de la cité. Là s'empresseront autour de vous d'accortes et joyeuses servantes à la coiffe blanche relevée, au court jupon rouge, montrant un pied bien pris dans ces chaussures de cuir jaune dont le maître du *Petit Soulier* semble avoir le monopole, à en juger par les clients qui se pressent dans son atelier.

Aimez-vous mieux, en mangeant, voir le mouvement qui ne cesse de se produire sur la place, entendre les musiciens ou voir les acteurs jouer — sur un théâtre élevé entre deux rues, et dont l'architecture peinte sur toile vous semblerait étrange dans ce milieu si on ne prenait soin de vous avertir qu'il en était toujours ainsi — quelque farce flamande comme *Nu noch* ou danser quelque ballet, montez à l'Hôtel de Ville; il n'a plus aujourd'hui sa destination officielle, depuis qu'en 1561 il a été désaffecté, pour employer une expression moderne; ses vastes salles sont devenues un restaurant où se rendent de nombreuses confréries qui y déposent leurs bannières. Là vous verrez le portrait du poète bossu qui fit tant rire ses concitoyens, et, votre repas terminé, allez à côté, *à la Halle aux Draps*, où vous trouverez chocolat et biscuits excellents, produits de la fabrique d'Ed. de Beukelaer, encore un bourgmestre, celui-là.

Mais, on ne peut toujours manger et, votre repas fini, il faut chercher quelque divertissement. Toutefois, vous ne le ferez pas sans vous munir de tabac, cette nouveauté, qui serait bien vieille si on en croit la quantité innombrable de ces petites pipes de terre qui furent, il y a une vingtaine d'années, retrouvées lors des travaux faits pour l'établissement des nouveaux quais de l'Escaut. Allez chez Jan Prince, *A la Cigogne*, dans le jardin de l'Hôpital, il vous en vendra d'exactes reproductions, *A la Giroflée* comme *Au Lion d'or*, vous trouverez ce qu'il faut pour *pétuner*, perruque blonde pour garnir votre pipe, carotte pour placer sous l'élégante rape d'ivoire sculpté qui faisait les délices des précieuses du grand siècle, ou, si vos goûts sont moins raffinés, une bonne chique à passer d'une joue à l'autre et que l'on prête à un ami en cas de besoin.

Maintenant, regardez le placard publié chaque jours, les panonceaux officiels ; s'il n'y a pas quelque grande fête, il faudra vous contenter d'écouter l'excellente musique de la Hanse, jouant de vieux airs sur des instruments, dont les noms ne nous sont plus connus, tels que le chalumeau, l'alt-pommer et le cinque, la sacquebutte et la flûte d'enuque, ou d'aller à la Bourse entendre les musiciens nomades. Mais, si vous comprenez le flamand, la seule langue du pays, n'hésitez pas à vous diriger dans le coin de la grande place où vous entendrez résonner quelque clochette fondue par les célèbres Van den Gheyn, qui, pendant plus de deux siècles, ont eu à Malines une si grande réputation dans le travail des métaux, et allez dans une cave voir jouer les marionnettes et entendre leurs grossières plaisanteries. Il paraît que c'est un vrai plaisir et les vieux Anversois, se rappelant le temps, où, dans leur enfance, les caves qui environnent la vieille boucherie, leur offraient un semblable divertissement, ne manquent pas de revenir comme au temps de leur jeunesse voir Guignol battre le commissaire, car Guignol a été et sera de toutes les époques, on l'a retrouvé à Pompéi, et on sait le succès qu'il n'a cessé d'avoir sous des formes diverses en Orient, depuis Java jusqu'à Constantinople. Là aussi, vous verrez jouer *Ourson et Valentin*, *Geneviève de Brabant* ou *les Quatre fils Aymon*.

Etes-vous curieux de voir un artiste peindre avec ses pieds, Charles Felu, que tous ceux qui ont visité Anvers ont vu dans les musées manier son pinceau et tenir sa palette, a installé son atelier dans la maison du « Grand Saint-Georges qui le Dragon a feru » et comme le dit le tableau placé à la porte c'est un spectacle extraordinaire.

Des boutiques variées vous offrent les produits des diverses industries qui ont fait l'objet du commerce d'Anvers, dinanderie, bijoux, étoffes et des ateliers nous montrent des tailleurs de diamants employant encore, aujourd'hui les procédés découverts par Berken, des dentellières reproduisant ces réseaux de Malines et de Bruxelles que l'on ne connaît plus, aujourd'hui que la mécanique a démocratisé les vieux points ouvragés, et qu'il faut aller étudier à Bruges dans la collection léguée par la baronne Lieds et que renferme le fameux hôtel de la Gruthuse. Une industrie nouvelle établie dans la Campine par la comtesse Jeanne de Mérode, celle des tapis d'Orient est exposée à l'enseigne de *Sainte-Elisabeth de Hongrie* et ses produits, pour l'éclat et pour la solidité, peuvent lutter avec les fameux tapis de caravane que nos négociants vont recueillir en Perse et en Caramanie et qui, malgré leur usure, font encore la joie des amateurs.

Pour rappeler l'hospitalité que les marchands orientaux ont, de tout temps, reçu à Anvers, un vieil Albanais vend, dans une échoppe près de l'église, de l'essence de roses et des nougats.

Si, au milieu de tout ce mouvement et de ce bruit, vous sentez le besoin de vous recueillir, entrez dans la chapelle décorée de tableaux anciens qui ne sont pas sans mérite, vous y entendrez un artiste de talent répéter sur un vieil orgue plusieurs fois centenaire aux tuyaux cabossés et branlants ces mélodies des vieux maîtres flamands, retrouvées et transcrites par les Gevaert et les Burbure et à peu de pas de là, regardant le calvaire qui reproduit celui que nous avons connu auprès du vieux pont du Steen, vous évoquerez le souvenir du tableau populaire de Van der Ouderaa, l'*Amende honorable* que, dans une galerie du premier étage, près de la Bourse, Castan a détaché de son Panopticon de Bruxelles, et placé au milieu de groupes habilement modelés qui nous représentent les scènes populaires du temps et une série de grotesques caricatures qui semble être, pour le seizième siècle, le pendant de la série de Dantan qui a fait le bonheur de la génération qui nous a précédés.

Si votre barbe est trop noire ou votre chevelure trop abondante, le barbier-étuviste, dont l'enseigne d'*Absalon* vous indiquera la demeure, saura vous rajeunir et vous donner la preuve de son talent et qui sait si, comme ses prédécesseurs, il ne vous proposera pas de vous tirer une palette de sang ou de vous poser quelques sangsues.

Jusqu'à présent, nous n'avons parlé que de l'existence ordinaire des habitants du Vieil Anvers, mais il était autrefois des jours de fête et, depuis l'ouverture de l'Exposition, la Commission a tenu, à diverses reprises, à organiser des réjouissances rappelant ce que pouvait être en un jour de liesse une fête flamande. Nous n'avons pu assister à la première qui, sur la grande place, reproduisait le carrousel donné en 1594 à l'occasion de la Joyeuse entrée d'un des archiducs, Albert, croyons-nous. Mais, nous avons, en 1891, assisté, à Bruxelles, à une solennité de ce genre donnée sur la place de l'Hôtel-de-Ville par l'Œuvre de la Presse et nous avons encore présents à la mémoire les différents tableaux qui défilèrent sous nos yeux et que mirent en scène, avec autant d'habileté que de hardiesse, les sous-officiers d'un des régiments des Guides. La représentation commença par des simulacres de combat entre des cavaliers et des fantassins, ces derniers armés de fauchards, de masses et surtout de l'arme chère aux flamands, le *goedendag* ; puis le jeu de la quintaine, qui fait encore partie des carrousels militaires actuels, et dans lequel les cavaliers armés d'une lance, s'évertuent à frapper au bouclier un mannequin armé de fer. S'ils réussissent, le mannequin tourne sur lui-même, mais s'ils frappent à faux, la figure fait demi-tour, en sens opposé, et vient frapper les assaillants de la gaule dont elle est armée, se vengeant ainsi cruellement de leurs coups.

Il est inutile de décrire les autres passes du tournoi telles que le pas d'armes, le dôme et le combat de la barrière et nous arriverons à la seconde série donnée au mois d'août ; *l'Ommegang,* ou cortège des corporations dans lequel on voyait successivement défiler tous les corps de métiers avec leurs chefs-d'œuvre, et de distance en distance des chars représentant différentes scènes symboliques, au milieu desquels se détachait la baleine d'Anvers, accompagnée d'un groupe de tritons. La baleine sur laquelle trône un amour est remplie d'eau de Cologne et le petit Dieu malin s'efforce d'inonder les passants du liquide qui est censé sortir des naseaux de l'énorme cétacée. Une dernière représentation nous a été donnée, il y a quelques jours, c'était la reproduction de la Joyeuse entrée de Charles-Quint. On pourra peut-être critiquer quelques points de détail de ce cortège, en discuter même la date, mais il est impossible de ne pas en admirer la belle ordonnance, et on constate qu'à l'exactitude des costumes est venue se joindre la vérité des types des personnages représentés. Charles-Quint encore jeune est figuré par un personnage dont le masque semble exactement la reproduction des types de l'empereur que nous ont laissé les peintres et les sculpteurs ; les conseillers du prince, dans leurs longues robes rouges fourrées d'hermine sont pour nous de vieilles connaissances et quant au groupe des évêques, si quelques-uns nous semblent d'allure un peu grotesque, il nous suffit d'aller à quelques pas, dans les galeries de l'incomparable musée d'Anvers englobé dans l'Exposition pour en reconnaître tous les types.

Tout le monde connaît le célèbre tableau de Mackaert et il était difficile de lutter avec l'impression qu'il a laissé ; les organisateurs de la fête nous paraissent toutefois y avoir réussi, bien qu'ils aient atténué le défilé des pucelles qui, malgré sa réalité, n'aurait pu être reproduit de nos jours. Les pucelles y sont et sèment de fleurs le chemin que l'Empereur parcourt sous son dais, mais un peplum les recouvre et, comme nous l'entendions dire, peut-être l'effet gagne-t-il à laisser devenir ce que recouvrent ces nuages de mousseline et de gaze.

Généralement les sorties de ces cortèges répétés qui circulent dans les rues du Vieil Anvers et lui donnent une activité inaccoutumée ont été favorisées par un temps exceptionnel, pourtant il nous a été donné dans ces derniers jours de voir l'un d'eux assailli par une ondée imprévue, et ce n'était pas le spectacle le moins curieux que celui que nous

fournissait la débandade de tous les personnages, lançant leurs chevaux au galop pour
rentrer dans les bâtiments qui les abritent ou
la hallebarde en avant, se réfugiant en courant
dans les maisons dont l'entrée s'ouvrait pour
recevoir les courtisans effarés, les jeunes filles
tremblantes et les musiciens en désordre.

Une particularité qui vous frappe quand on
parcourt les rues du Vieil Anvers, c'est l'ai-
sance avec laquelle tous, hommes, femmes et
enfants, portent leurs costumes, sans avoir
l'air emprunté qu'ont presque toujours les figurants de ces fêtes. Ici tout semble vécu et les
habitants du quartier paraissent prêts à se
soumettre à ces édits impériaux, à ces pla-
cards des archiducs dont les réimpressions
sont affichées dans les tavernes comme chez
nous la *Loi sur l'ivresse*, et à obéir aux déci-
sions des magistrats qu'ils ont élus.

Peut-être se demandera-t-on si les costumes
modernes des visiteurs du Vieil Anvers ne
viennent pas apporter une note déton-
nante dans ce tableau, il n'en est rien, parce-
qu'ils sont noyés au milieu des types du
moyen-âge et que souvent les toilettes modernes, si nous en exceptons les tuyaux de
poêles des bourgeois et les casquettes des
anglais, sont elles-mêmes de vrais costumes.
C'est ainsi qu'à chaque pas on coudoie des
prêtres et des religieuses et que presque chaque jour des bateaux venus de Flessingue ou
de Rotterdam débarquent des groupes nombreux de paysannes, à la jupe à panier, au
corsage bariolé d'où sortent des bras nus, aux
fichus à palmettes et aux coiffures variées
depuis les casques d'or, jusqu'aux chapeaux de
paille de haute forme, couvrant des voiles de
dentelles, et à ces amoncellements de fleurs
artificielles dont la masse suffirait à garnir les
parterres de plus d'un jardin.

Tout cela court, rit, chante et si, en les
voyant arriver à la Bourse, l'orchestre joue

l'*Ovanje boven*, on les voit s'étendre en longues farandoles comme en un jour de kermesse.

Les Anversois sont amoureux de leur *joujou*, les dames les plus élégantes, aussi bien que le gouverneur et le bourgmestre ont dans le Vieil Anvers des habitations somptueuses dans lesquelles on rencontre tout le raffinement du luxe de cette époque, boiseries sculptées, riches tapisseries des Flandres, tableaux de maîtres, vieille argenterie et porcelaines de la Chine et du Japon que les navires rapportaient alors à grands frais des Indes orientales. Là, se tient le *five o'clock* et dans des tasses minuscules se verse le thé de caravane que les Cuperus vendent à l'enseigne de l'*Etoile*.

Aussi se sont-ils demandé s'ils ne pourraient rendre durables ces constructions éphémères que vont détruire les premières atteintes de la gelée et des frimas. On parle d'une Société disposée à dépenser deux millions pour nous donner un Vieil Anvers définitif, nous n'osons l'espérer et nous craignons surtout que ce quartier si charmant dans sa nouveauté, avec ses attraits, ses fêtes et ses costumes ne puisse se perpétuer ; aussi n'hésiterons-nous pas, en terminant à engager ceux de nos concitoyens qui ne l'auraient pas fait — car nous en avons déjà rencontré un assez grand nombre au *Jardin joyeux*, au *Lion noir* ou aux *Quatre fils Aymon* — à profiter des derniers beaux jours et à prendre avant le 5 novembre le chemin d'Anvers. Il suffit de six heures pour s'y rendre de Compiègne, ce n'est donc guère plus loin que Fontainebleau, Versailles ou Saint-Germain.

(Octobre 1894).

UN

ANCIEN ÉLÈVE DU COLLÈGE

Alexandre BIDA

Les journaux nous apportent la nouvelle de la mort d'un grand artiste dont les compositions ont eu, il y a vingt ou trente ans, un immense succès, et qui vient de s'éteindre dans un village d'Alsace, à peu près oublié de la génération actuelle.

Alexandre Bida était né à Toulouse en décembre 1813 et il n'avait guère que dix ans lorsqu'il vint à Compiègne où il passa plusieurs années chez son grand'père, qui s'était fixé à Compiègne à la fin du siècle dernier. Médecin des hôpitaux de la ville, praticien distingué, Bida est l'auteur d'une *Topographie médicale de Compiègne*, insérée dans l'*Almanach* de 1788, publié par Bertrand. Le jeune Bida suivit les cours du Collège de notre ville de 1822 à 1826 environ, et il avait toujours conservé un excellent souvenir des années passées par lui dans notre pays où il revint à diverses reprises. Retiré depuis plusieurs années auprès de ses enfants, à Buhl, en Alsace, où il avait des intérêts dans d'importantes papeteries, il ne faisait plus que de rares séjours à Paris où il venait revoir quelques vieux amis et notamment les membres de la famille Hachette, dont la librairie avait édité ses œuvres les plus importantes.

Jusqu'à ces derniers temps, il n'avait pas cessé d'entretenir à Compiègne une correspondance affectueuse avec un de ses anciens condisciples qui a bien voulu nous aider à rédiger les notes que nous publions ici.

Nous sommes heureux de pouvoir reproduire une de ces lettres, vieille à peine d'un an, écrite à l'occasion de l'envoi qui lui avait été fait de la réimpression de la *Topographie médicale* :

Mon cher ami,

Je te remercie cordialement de m'avoir fait envoyer par la Société historique de Compiègne (que tu voudras bien également remercier pour moi) le numéro de son almanach qui contient la notice médicale de mon grand'père. Il fera partie des documents que je réunis sur mes vieux jours pour mes enfants, n'ayant pas eu le soin d'avoir chez moi un livre de Raison, excellente habitude qui s'est perdue avec le reste.

En te souhaitant, mon cher ami, toutes les consolations que notre âge comporte (je ne dis pas bonheurs), je t'assure de ma vieille et fidèle amitié.

BIDA.

En quittant Compiègne, où il avait pu recevoir de M. Emart, alors professeur de dessin, les premières notions de l'art auquel il devait consacrer sa vie, Alexandre Bida alla à Paris, où il acheva ses études au collège Stanislas. Cédant alors à une vocation que justifia plus tard son talent, il entra dans l'atelier d'Eugène Delacroix.

C'est surtout comme dessinateur et comme aquarelliste que Bida s'est fait remarquer, bien que l'on possède de lui des toiles et des pastels qui ne sont pas sans mérite. Attiré, à l'exemple de son maître, par l'Orient, il fit plusieurs séjours en Egypte et en Palestine, et rapporta de ses premiers voyages effectués de 1844 à 1848 de nombreuses études qui lui donnèrent l'idée de l'œuvre capitale qui lui survivra, l'illustration des *Evangiles*. Dans cette nombreuse suite de dessins, il entreprit de représenter les différentes scènes de la vie de Jésus-Christ, en plaçant dans les paysages réels des pays qu'il avait parcourus des scènes où les personnages bibliques étaient revêtus des costumes portés encore de nos jours par les habitants de la Palestine et de la Syrie. Le succès de ces dessins, destinés à illustrer une publication luxueuse pour laquelle la maison Hachette n'avait rien négligé, fut considérable, et les amateurs se les disputèrent à prix d'or.

A ce grand travail qui ne comprend pas moins de cent vingt-huit compositions et qui, commencé en 1863 ne fut achevé qu'en 1873, Bida donna en 1886 un superbe pendant, le *Cantique des Cantiques*, dont les vingt-cinq sujets furent gravés par Boilvin et Hédouin. Bida prêta aussi le concours de son crayon, de sa plume et de son fusain pour d'autres ouvrages et notamment pour les éditions complètes des *Œuvres d'Alfred de Musset*, et *d'André Chénier*, de Charpentier, pour un *Molière*, pour l'histoire de *Jeanne d'Arc*, de Michelet et, en dernier lieu, en 1890, pour un *Shakespeare*. Le *Tour du Monde* publia le récit illustré d'un des voyages de Bida en Palestine.

En 1883, une exposition particulière des œuvres de Bida fut organisée au Cercle de l'Union artistique, alors encore à la place Vendôme. Elle comprenait deux cents numéros, dessins et aquarelles, parmi les plus remarquables desquels on peut citer *Le Grand Condé à Rocroy*, appartenant au duc d'Aumale, le *Massacre des Mamelucks*, esquisse du dessin du musée du Luxembourg, et surtout le *Mur de Salomon*, magnifique étude, à M. Osiris, qui, à un sentiment artistique très élevé, joint un étonnant effet de vérité que nous avons été tout heureux de retrouver lorsque, dans le cours d'une mission scientifique à Jérusalem, peu d'années après le voyage de Bida et ayant pour drogman, le maronite qui avait été aussi celui du peintre, nous sommes arrivés au pied de cette construction cyclopéenne devant laquelle, chaque vendredi, les juifs viennent pleurer et se lamenter.

Dans l'exposition de ses œuvres, Bida avait compris trente-cinq aquarelles, d'après les maîtres, exécutées alors que, dans la plénitude de son talent, il déclarait, dans des lettres datées de Florence et de Venise, qu'il ne fallait jamais cesser d'étudier les grands peintres de la Renaissance, et il en donnait l'exemple en copiant alternativement Raphaël et Véronèse, Holbein et Rembrandt.

Tout méridional, on l'a souvent dit, est né poète, Bida n'a pas manqué à cette tradition, et après avoir illustré Musset, il voulut traduire une des œuvres les plus délicates du moyen âge, *Aucassin et Nicolette* et c'est avec un rare bonheur d'expression qu'il rendit cette chantefable du XII° siècle qui, au dire d'un critique autorisé, M. Gaston Raynaud, mérite de prendre place à côté de *Daphnis et Chloé*, et de *Paul et Virginie*. Le passage suivant en donnera mieux l'idée qu'une froide analyse :

> Un jour je vis un pèlerin
> Qui s'en venait du Limousin :
> Il était frappé de vertige.
> Il gisait couché dans un lit
> Sans voix, sans souffle, déconfit
> Et mal en point. Mais, ô prodige !
> Près du lit tu vins à passer ;
> Tu soulevas, sans y penser,
> Ta robe et ton manteau d'hermine,
> Et ta chemise de blanc lin ;
> Il aperçut ta jambe fine,
> Et fut guéri le pèlerin ;
> Du lit il se leva sur l'heure
> Et retourna, gaillard et sain
> En son pays de Limousin.
> Douce amie, ô toi que je pleure
> Ma Nicolette, ô mon amour,
> Au doux aller, au doux retour,
> Au doux maintien, au doux langage,
> Aux doux baisers, au doux visage,
> Au front blanc plus pur que le jour,
> Contre toi quelle âme inhumaine
> Pourrait se sentir de la haine ?...

A ce charmant poème pour lequel un membre de l'Institut, M. Gaston Paris, voulut écrire une préface, Bida joignit une série de compositions qu'il ne laissa à personne le soin de graver à l'eau forte. C'est en 1878 que ses amis, les Hachette, publièrent ce livre devenu aujourd'hui une rareté bibliographique.

De haute stature, avec sa longue barbe qui lui donnait l'aspect d'un oriental, homme du monde, aimable et distingué, Bida eut à Paris, pendant près d'un demi-siècle, les plus grands succès dans le monde ; il fut, à plusieurs reprises, sous l'Empire, invité au palais de Compiègne. On commencera dans quelques jours la construction de nouveaux bâtiments au Collège de Compiègne ; ne pourrait-on y réserver, dans les couloirs ou dans les salles de réunion, des tableaux pour y inscrire les noms des anciens élèves qui se sont distingués, soit par leur courage, soit par leurs mérites ou leurs talents ? Ne serait-il pas convenable aussi de placer dans la salle du Conseil la liste des hommes que le Collège a eu l'honneur de compter parmi ses maîtres ? Que sur la première de ces listes on inscrive le nom d'Alexandre Bida, pendant que sur l'autre on tracera celui d'Augustin Thierry, le grand historien, qui y remplit, en 1813, les fonctions de régent de cinquième.

III

Compte-Rendu des Travaux

DE LA

SOCIÉTÉ HISTORIQUE DE COMPIÈGNE

Pendant l'année 1894

Lu à la séance du 17 janvier 1895.

Messieurs,

J'aurais désiré vous présenter seulement un résumé sommaire des travaux de la Société pendant l'année qui vient de s'écouler, mais mon rapport a pris peu à peu des dimensions que je suis tenté de trouver exagérées, aussi je vous prie de vouloir bien, dès le début, en excuser l'étendue et m'accorder une fois de plus la bienveillance dont vous m'avez déjà donné tant de preuves à de fréquentes reprises, depuis bientôt vingt-sept ans que vous n'avez cessé de m'investir des fonctions de secrétaire de votre Compagnie.

Dans la séance générale tenue en 1893, à l'occasion du vingt-cinquième anniversaire de la Société, M. le président de Roucy, cédant à des instances souvent répétées, avait consenti à nous donner un aperçu des découvertes faites dans la forêt de Compiègne pendant la durée des fouilles exécutées sous sa direction. C'était la première fois qu'il voulait bien nous exposer le résultat de ses recherches et il nous avait promis de rédiger enfin ce travail que, depuis vingt-cinq ans, on ne cessait de solliciter de lui. La mort imprévue de M. de Roucy ne lui a pas permis de tenir sa promesse. Heureusement, M. Cauchemé, qui a été son collaborateur et qui a exécuté les plans des fouilles et dessiné les objets trouvés dans une suite d'albums déposés aujourd'hui au musée de Saint-Germain, a bien voulu essayer de combler cette lacune en entreprenant la description des localités explorées et en l'accompagnant de nombreux dessins. Dans une première lecture, il a signalé la disposition des constructions souterraines dont les substructions existent dans diverses parties de la forêt. Dans la séance de ce jour, il doit nous parler des tombes gallo-romaines et de leurs dispositions dans les divers cimetières de la forêt. Grâce à M. Cauchemé, nous aurons ainsi, non pas une interprétation scientifique comme celle que se proposait de faire M. de Roucy, mais une description complète des découvertes effectuées à grands frais dans les dernières années de l'Empire. Plus tard, d'autres pourront venir qui se chargeront de mettre en relief et de faire ressortir le grand intérêt que présente pour l'archéologie gallo-romaine l'étude de la forêt de Compiègne.

Le musée gallo-romain, autrefois conservé au Palais de Compiègne, renfermait une importante collection de monnaies gauloises actuellement déposée au Musée des Antiquités nationales de Saint-Germain-en-Laye ; dans un article récemment publié dans la *Revue numismatique*, M. H. de la Tour a étudié cette série de pièces et nous signalons, en passant, ce travail à nos confrères.

L'an dernier, M. Louis Laze a commencé à nous donner le résultat de l'analyse que,

comme chimiste, il avait entreprise des pote-
ries fines recueillies dans la forêt, notre confrère nous a donné, dans une récente séance,
une suite de ce travail en examinant les pote-
ries grossières et les grès cérames. Lorsque
M. Laze aura terminé l'enquête qu'il poursuit,
nous posséderons ainsi une série de renseignements techniques qui prendront place à la
suite des recherches des Brongniart, des Dau-
brée et des Berthelot.

L'an dernier, M. Arthur Bazin nous avait lu
une étude considérable consacrée à la vie et
aux œuvres de Marc-Antoine Hersan, étude
dont l'impression s'achève dans notre *Bulletin*.
M. Bazin a continué à vous entretenir de divers
points d'histore locale, d'abord dans un travail
plein de renseignements curieux sur l'ancien
pont de Compiègne et depuis dans un mémoire
dont vous n'avez entendu que les premiers
chapitres sur Compiègne pendant l'occupation espagnole de 1636 à 1638. — Notre confrère ne nous a communiqué que ces travaux,
mais je tiens à rappeler qu'à eux ne se bornent pas ses recherches de cette année et qu'il
a donné au *Cabinet historique d'Artois et de
Picardie* un mémoire sur l'Ermitage du Saint-
Signe et un autre sur la réception à Compiègne d'un régiment en 1632.

Après nous avoir retracé l'histoire de l'en-
seignement dans l'Oise, depuis ses origines,
M. l'abbé Morel nous a fait connaître un chapitre intéressant de l'histoire de la charité
dans le diocèse de Beauvais au XVIIe siécle.

M. Charles Garand recueille chaque jour
dans le Palais de Compiègne, dont la garde lui
est confiée, d'intéressants souvenirs et de curieux détails que son esprit observateur sait
mettre à profit et qu'il veut bien nous faire
connaître sous une forme littéraire. Sa première lecture a eu pour objet les œuvres d'art
réunies au musée de Compiègne, et il les a
examinées en artiste et en poète, cherchant
avant tout à dégager l'impression qu'elles pro-

duisent sur le visiteur. Parfois une modeste toile reproduisant un sujet touchant a pour lui plus d'importance qu'une vaste et froide composition académique.

Refaisant, après M. Leveaux, l'histoire du théâtre de la Cour sous l'Empire, il nous conduit alternativement sur la scène et dans la salle, nous intéressant par ses réflexions piquantes et ses ingénieux rapprochements.

Depuis un an, on ne cesse de parler des Russes, ils sont à la mode et notre chroniqueur en profite pour nous raconter *la Légende de l'ours du Palais de Compiègne*, ours tué par l'empereur Alexandre II et offert à l'Impératrice. Le château est grand et M. Garand est loin de l'avoir encore exploré en entier, aussi pouvons-nous espérer qu'il tirera encore de ses portefeuilles et de ses archives le sujet de nombreuses lectures qui ne le céderont pas en intérêt à celles dont nous venons de parler.

Du Palais à l'invasion allemande de 1870-71, la transition est facile. Les prussiens l'ont occupé pendant près d'une année, le roi actuel de Saxe alors prince royal, Manteuffel et d'autres chefs militaires y avaient établi leur quartier général et plus d'une fois ils y virent venir les habitants de Ressons et des communes voisines dont M. Benaut nous raconte les impressions, impressions tristes, écrites le plus souvent en présence de l'ennemi, alors que cependant tout espoir ne semblait pas banni du cœur des patriotes qui ne pouvaient se résigner à voir ainsi notre pays envahi. Les détails curieux abondent dans les souvenirs de M. Benaut, et il a su rajeunir un sujet qui semblait épuisé. Mais, près de vingt-cinq ans se sont écoulés depuis l'*Année terrible* et il est bon d'en raviver la mémoire.

Qui de nous n'a dans ses cartons d'anciens documents et de vieux parchemins, des autographes ou des plaquettes, des croquis ou des gravures? On hésite à les communiquer parce qu'ils soulèvent des problèmes dont on ne veut

pas prendre la peine de rechercher la solution
et, un beau jour, vieux papiers et vieux dessins
s'en vont chez l'épicier sans avoir été déchif-
frés ou étudiés. Que chacun cherche dans ses
tiroirs et vienne les vider, disant j'ai ceci, j'ai
cela, en mettant à la disposition de ses confrères ces richesses inconnues. C'est ce qu'a
fait M. Coudret qui, à notre dernière séance,
nous a apporté des montres des garnisons de
Compiègne et de Pierrefonds pendant la Ligue,
des contrats, des menus, dont il nous a promis la copie.

Tel aussi M. le docteur Lesguillons servi par
le hasard, lorsque dans la maison d'un paysan
on lui a donné comme sous-main, pour écrire
une ordonnance, une vieille Bible sur le feuil-
let de garde de laquelle était rapporté le détail d'un terrible accident arrivé sur la rivière
d'Oise en 1777 et où de nombreux imprudents
perdirent la vie.

De cette indication MM. Bazin, Benaut et
d'autres ont su tirer parti, nous expliquant les
circonstances dans lesquelles la catastrophe
s'était produite et nous faisant connaître les
noms des victimes.

En demandant à la Bibliothèque nationale
un ancien missel de Beauvais, M. l'abbé Morel
se désolait d'en voir les marges tachées d'encre, couvertes d'essais calligraphiques, mais
son chagrin a été atténué lorsqu'il a lu parmi
ces griffonnages les noms des élèves qui fré-
quentaient, de 1530 à 1540, l'école de Jon-
quières et qu'il a pu juger par ces spécimens,
par ces brouillons d'actes et par ces para-
phes enjolivés, du degré d'instruction que les
jeunes gens recevaient alors au Moustier.

Ne condamnons pas, sans les lire du moins,
ces feuillets mutilés ; c'est parmi eux que M.
Léopold Delisle a retrouvé les plus anciens
documents typographiques, qui n'ont échappé
au pilon que pour former, agglutinés les uns
aux autres, les cartons des premières reliures
légères qui suivirent les lourdes couvertures

aux ais de bois de nos manuscrits et de nos premiers incunables. J'aurais été heureux d'en retrouver, en rédigeant le catalogue des manuscrits de la Bibliothèque de Compiègne dont le Ministre de l'Instruction publique m'avait confié le soin, mais je n'ai pas eu cette bonne chance que je souhaite à ceux qui dépouilleront les archives de nos communes et trouveront parfois dans la couverture d'un registre de catholicité quelque ancien parchemin mutilé par le couteau du relieur, mais encore lisible comme ces chartes carlovingiennes de Saint-Martin-de-Tours que M. de Grandmaison rencontra, il y a quelques années, dans un greffe d'Indre-et-Loire, à Loches, si je ne me trompe.

Certaines sociétés savantes font avec raison une large place aux *exhibitions* et leurs procès-verbaux, ceux de la Société archéologique d'Ille-et-Vilaine, par exemple, débutent par l'énumération d'objets présentés à l'admiration ou à l'étude de leurs confrères par ceux qui en sont soit les heureux possesseurs, soit seulement les détenteurs momentanés. C'est ce que nous voudrions avoir plus souvent à enregistrer ; aussi devons-nons remercier particulièrement M. le docteur Lesguillons de nous avoir montré une urne en bronze décorée du buste de Louis XVI, œuvre de premier ordre exécutée en 1793 pour renfermer du linge taché du sang du Roi martyr, et M. Eug. Mauprivez de nous avoir apporté également un beau dessin sur parchemin représentant les sept plaies d'Egypte.

Je n'ai pas besoin de vous rappeler l'émotion qui se produisit dans notre ville, lorsqu'au printemps on apprit la prochaine mise en vente de la chapelle de Saint-Nicolas et de ses boiseries. La Société crut devoir, par une énergique protestation adressée à M. le maire de Compiègne, lui signaler cet acte de vandalisme qui auraitt privé notre ville d'un monument qui, par sa décoration artistique, était depuis longtemps signalé à l'attention de tous les amateurs.

M. Chovet voulut bien écouter favorablement notre requête et après avoir fait une démarche auprès de M. le Ministre de l'Instruction publique afin d'obtenir le classement comme monument historique de la chapelle Saint-Nicolas, il obtint du Conseil municipal un vote qui lui permit de traiter avec la Commission des hospices et de faire l'acquisition de cet édifice, ainsi que d'une partie importante des anciens bâtiments de l'Hôtel-Dieu et notamment des constructions datant de l'époque de Saint-Louis. Aujourd'hui la conservation de la chapelle Saint-Nicolas est assurée et vous joindrez vos remerciements à ceux que npus avons déjà adressés à cette occasion, à M. le Sénateur-Maire et aux membres du Conseil municipal.

En perçant la rue nouvelle dont l'ouverture avait été décidée au milieu de ces bâtiments, on a, lors de la démolition de la sacristie, découvert un certain nombre de débris de sculptures que M. Blu a recueillis avec soin et fait déposer au musée Vivenel dont il est le zélé conservateur.

En parlant du musée, nous devons signaler la libéralité dont il a été l'objet de la part des enfants de M. de Roucy qui lui ont offert une vitrine remplie d'objets gallo-romains recueillis par notre regretté confrère dans les environs de Compiègne. Divers objets et notamment un fragment d'agrafe en émail translucide ont été par votre entremise déposés au musée, ainsi que des armes gallo-romaines et des rouelles découverts à Palesnes par M. Lelorrain et offertes en son nom par M. Rendu.

Je ne mentionnerai que pour mémoire les publications périodiques, les ouvrages et les brochures qui vous ont été adressés, et qu'ainsi chaque année, vous avez déposés à la bibliothèque de la ville. Le nouveau bibliothécaire,

M. Ridoux s'occupe de mettre en ordre et de classer ces livraisons.

Je dois par exemple rappeler d'une manière spéciale le don qui vous a été fait par Mme la marquise de l'Aigle, née Greffulhe, de douze volumes des publications de la Société des Bibliophiles Français, ouvrages intéressants par leur objet et précieux par leur rareté, et dont je vous ai fait connaître le contenu dans une communication spéciale.

Depuis plusieurs années, M. le duc de Narbonne avait mis à notre disposition une somme de 500 francs pour un concours dont l'objet était le relevé et le projet de restauration d'une habitation rurale du moyen âge, le Saussoy, auprès de Ribécourt. Jusqu'à présent nous n'avions pu, faute de travaux sérieux, décerner le prix proposé, lorsqu'une étude répondant aux conditions du programme nous a été adressée par M. Albert Polart, dessinateur, élève de M. Henri Bernard. Le jury que vous aviez nommé a décerné enfin cette année ce prix à M. Polart.

Notre Société a été représentée comme chaque année au Congrès des sociétés savantes de la Sorbonne, non seulement par plusieurs délégués, mais par deux communications lues à la Section d'histoire, l'une par M. Sorel, sur le jeu de la Choule et ses origines, l'autre par M. l'abbé Morel sur diverses chartes communales de nos environs. Nous ne pouvons donner une meilleure preuve de l'accueil qui a été fait aux nouveaux travaux de nos confrères qu'en ajoutant que le Comité des Travaux historiques les a désignés pour être publiés, l'un dans le *Bulletin du Comité des Travaux historiques*, l'autre dans la *Revue historique de législation*, faveur aujourd'hui réservée à un très petit nombre des mémoires lus aux congrès.

Les membres de la Société sont essentiellement voyageurs, et saisissent toujours avec empressement les occasions qui leur sont offertes d'aller visiter de nouvelles régions et prendre part aux travaux des divers congrès qui se tiennent en France et à l'étranger. Au mois de mai, ils étaient à Saintes et à La Rochelle, au Congrès archéologique de France, en juin, à Sens, aux fêtes données pour le cinquantenaire de la fondation de la Société archéologique de cette ville, en septembre enfin au Congrès de la fédération des Sociétés historiques de Belgique, à Mons. Ces voyages n'ont pas été les seuls, et sous la conduite de M. le président Sorel, une délégation imposante de la Société assistait aux fêtes de la délivrance d'Orléans les 7 et 8 mai.

Une circonstance exceptionnelle pour nous les avait attirés par-dessus tout. Le panégyriste de Jeanne-d'Arc était, vous ne l'avez pas oublié, l'éminent Cardinal que la Société a eu l'honneur d'avoir autrefois à sa tête et qui, par sa présence au milieu de nous aujourd'hui, a tenu à nous montrer que le Prince de l'église n'a pas oublié ses amis de Compiègne. Tous vous vous associerez à moi, pour lui en exprimer notre respectueuse gratitude.

Deux excursions ont eu lieu cette année et ont obtenu un grand succès. La première a eu pour but la visite de ce géant de pierre qui s'appelle le château de Coucy; dans la seconde, nous avons parcouru un certain nombre des localités les plus intéressantes de la vallée de l'Oise, depuis Saintines jusqu'à Saint-Christophe-en-Halatte, où nous avons reçu le plus gracieux accueil de M. Frank-Chauveau, sénateur de l'Oise.

On le voit, la Société historique, non contente de poursuivre des recherches sérieuses dans des archives et de lutter le bon combat pour la conservation de nos monuments historiques, ne cesse de se répandre au dehors, d'y chercher des points de comparaison dans l'étude des monuments des autres pays, d'entretenir des relations avec les savants des diverses provinces et d'activer par ses courses dans les environs, le zèle de nos compatriotes pour la recherche des antiquités locales.

Si nous avions à modifier notre titre, nous pourrions joindre à sa dénomination de société historique, celle d'association des touristes, comme cela a lieu dans quelques provinces, mais les désignations les plus simples sont toujours les plus claires et l'histoire n'est-elle pas toujours le but auquel tendent nos recherches qu'elles se fassent dans quelque dépôt d'archives ou devant quelqu'un de ces monuments romans si nombreux dans notre pays et dont un de nos correspondants, M. Eugène Lefèvre-Pontalis vient de commencer l'étude dans une monumentale publication.

Jusqu'à ce jour aucune dame n'avait demandé à faire partie de la Société lorsque dernièrement l'une d'entre elles en ayant manifesté le désir, nous avons été heureux de l'admettre dans nos rangs, suivant en cela l'exemple que nous donnent depuis longtemps la Société de l'Histoire de France et la Société de l'Histoire de Paris, ainsi que le Comité archéologique de Senlis et la Société historique de Pontoise. Rien, du reste, dans nos statuts ne s'opposait à l'admission des dames auxquelles nous avions déjà offert de participer à quelques unes de nos excursions. Nous ne doutons pas que l'exemple ainsi donné ne soit suivi et nous aurons ainsi un nouvel élément pour la prospérité de la Société et l'accroissement de nos ressources financières.

Désireux d'assurer l'existence définitive de la Société par sa reconnaissance comme établissement d'utilité publique, vous avez bien voulu nous confier à M. le président Sorel et à moi le soin de poursuivre dans ce but des démarches toujours longues, en vue d'obtenir le décret nous accordant la personnalité civile.

Nous nous sommes conformés à votre désir et avons établi en conséquence les pièces nécessaires, qui sont aujourd'hui au ministère de l'Instruction publique. L'accueil qui nous a été fait nous permet d'espérer d'arriver à un heureux résultat, mais vous savez tous quelles sont les lenteurs des enquêtes administratives ; cependant nous croyons que ce n'est plus qu'une affaire d'assez courte durée, et c'est afin d'éviter de nouvelles élections que vous avez décidé à la dernière séance, de maintenir provisoirement ses pouvoirs au bureau, jusqu'au jour où vous connaîtriez la décision du Conseil d'Etat.

Nos publications vont marcher avec une plus grande activité que par le passé, par suite des ressources que nous procurent les cotisations de nos membres titulaires, dont le nombre dépasse aujourd'hui cent cinquante et grâce aux revenus que nous a ménagés une sage administration de nos finances.

Vous avez déjà reçu un 3e fascicule des procès-verbaux qui vous donne le compte-rendu de nos séances de 1894, et quelques-unes des lectures qui ont été faites. Le mois prochain, nous comptons vous donner le huitième volume de nos *Bulletins* contenant des travaux d'une plus longue étendue dus à MM. l'abbé Morel, Balny d'Avricourt, Sorel, de Bonnault et Bazin ; l'impression du cartulaire de Saint-Corneille, dont vous avez reçu en avril dernier le premier fascicule, marche régulièrement, et pour répondre au désir que vous avez exprimé l'éditeur le fera précéder d'une note sommaire sur l'histoire de l'abbaye compiégnoise et sur le plan de la publication.

Nous nous proposons d'y joindre quelques planches et, déjà, nous avons pu, grâce à l'obligeance de M. Blu, faire copier une vue d'ensemble de l'abbaye au XVIIIe siècle, d'après un dessin fort endommagé qui existe à la bibliothèque de la ville.

D'autres publications sont en préparation, notamment le travail de M. Cauchemé sur les fouilles faites dans la forêt de Compiègne, sous la direction de notre regretté confrère M. Albert de Roucy. Nous espérons en outre, M. de Bonnault et moi, vous donner le commencement de notre recueil de la correspondance des rois avec la ville de Compiègne, annoncé déjà depuis plusieurs années.

Une gracieuse surprise, enfin, vous sera ménagée par un de nos confrères. Une histoire du château du Fayel écrite par M. l'abbé Morel, illustrée de photogravures, paraîtra prochainement sous les auspices de la Société, et celui de nos confrères qui fait les frais de cette publication, en a destiné un exemplaire à chacun de vous.

C'est un exemple qui, nous l'espérons, trouvera des imitateurs dans le sein de la Société.

Je dois terminer ce compte-rendu par un dernier adieu donné aux membres que nous avons perdus, ils sont malheureusement au nombre de quatre parmi les membres titulaires. M. le président de Roucy, d'abord, sur la tombe duquel M. Sorel a prononcé un discours rappelant à la fois les services du magistrat et les recherches de l'archéologue, et que vous trouverez dans notre dernière publication ; M. Charles Demonchy, notre doyen d'âge, qui semblait le lien vivant entre le passé de Compiègne et notre époque actuelle ; M. Heudel, qui fut longtemps membre de notre commission des finances, et enfin le comte Olympe Aguado, esprit charmant, artiste distingué, qui savait se faire aimer de tous par son affabilité.

A ces noms je dois ajouter ceux de deux de nos correspondants, M. Bertot, président de la Société littéraire de Bayeux, l'un des naturalistes les plus estimés de la Normandie, et M. Léon Palustre, directeur honoraire de la Société française d'archéologie, dont la magnifique publication sur *La Renaissance en France* suffira à perpétuer le nom qui restera comme étant celui d'un des archéologues les plus éminents de notre époque.

Un mot encore et ce sera le dernier, pour adresser nos félicitations, pour leur nomination d'officier d'académie à M. le docteur Lesguillons, notre ancien président, et à M. Henri Bernard, architecte.

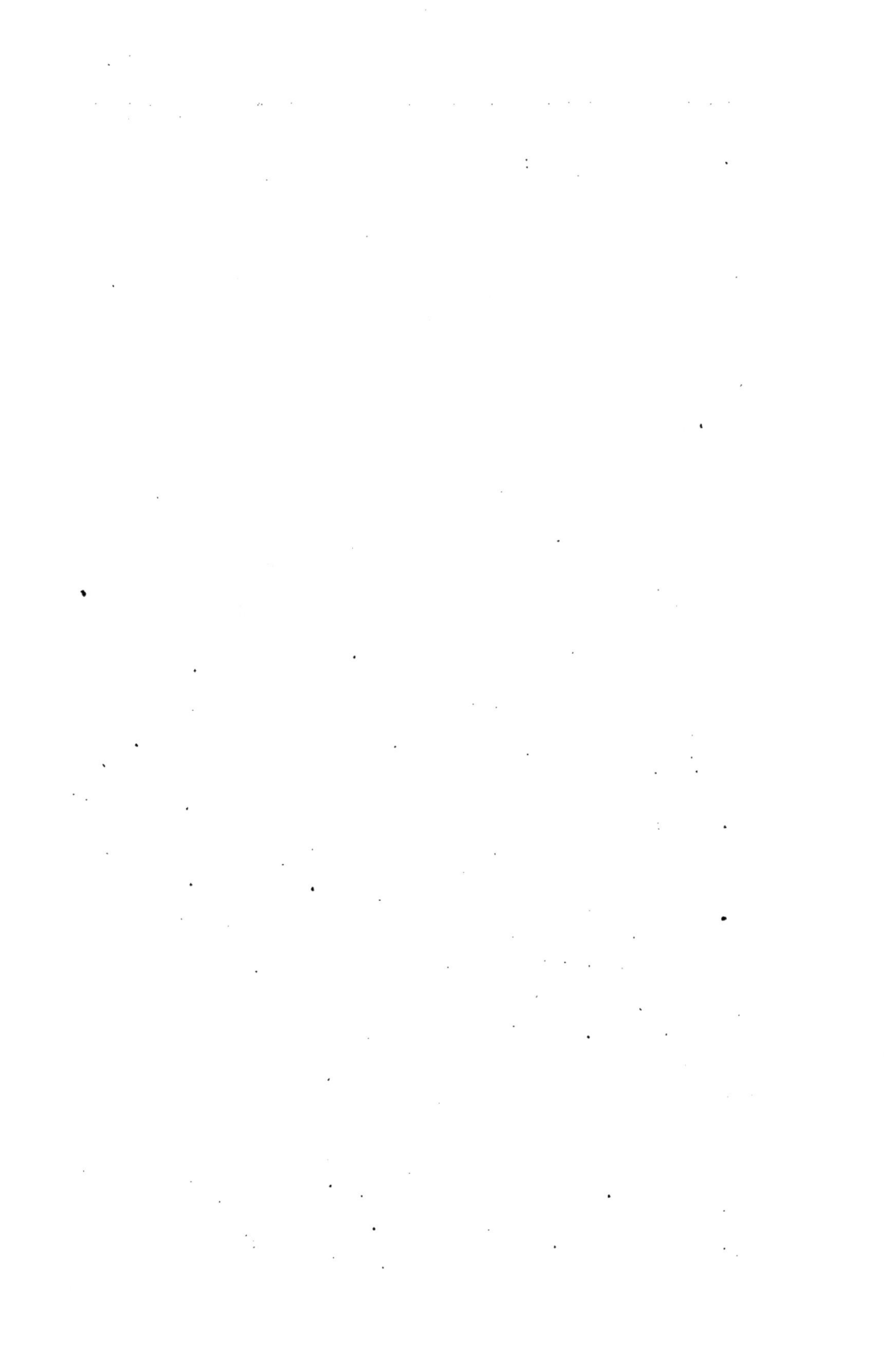

L'EXPOSITION DU LIVRE

Depuis trois mois de grandes affiches placardées sur les murs de Paris montrent une femme en costume antique, assise au pied d'une pyramide et écrivant un programme sur lequel on peut lire :

EXPOSITION INTERNATIONALE du LIVRE

ET DES INDUSTRIES DU PAPIER

Exposition Artistique SANS PRÉCÉDENT

Curieuses industries et sections étrangères

*Collections rétrospectives de livres,
d'images, estampes.*

TIMBROLOGIE

ATTRACTIONS

Les Catacombes de Paris il y a cent ans

*L'École à travers les âges et à travers
le monde.*

etc., etc., etc.

Comme tant d'autres, je me suis laissé tenter et sachant par expérience quel est, en général, l'intérêt des expositions organisées au palais de l'Industrie, par l'Union centrale des arts décoratifs et parfois par divers groupes industriels, j'ai couru aux Champs-Elysées et j'ai trouvé, d'abord, les tapis de Dalsème et les rideaux de la Place Clichy. Jusqu'à un certain point il est permis, dans les bibliothèques, de ne pas se contenter de couvrir le plancher de linoleum et de se garantir du soleil avec des stores de coutil, aussi me suis-je dit, allons plus loin, c'est le commencement et pendant que l'orchestre *Melé* (il n'y a pas jeu de mots, c'est le nom du Maître de chapelle), nous faisait entendre d'excellents morceaux d'ensemble et des airs de chant, exécutés par des débutantes dont la voix vient se briser dans l'immense vaisseau, je continuai ma course à travers les innombrables pavillons loués à des industriels et à des commerçants qui y ont apporté les produits les plus variés, mais qui, le plus souvent, ont avec la librairie et les arts du papier des rapports tellement éloignés que je n'ai pu les saisir, par exemple, des machines à découper des pommes de terre et à préparer les juliennes, de la pâte pour rendre les chaussures imperméables, de nombreuses variétés de coricides et d'eaux servant à teindre les cheveux, des paniers démontables, des voitures de luxe, des bicyclettes avec fusil, pour la chasse et la guerre, des canots à vapeur, et une masse d'autres objets aussi disparates.

Il est vrai qu'un certain nombre d'ébénistes et de tapissiers ont exposé des mobiliers complets dans lesquels la bibliothèque est représentée par un meuble minuscule susceptible de renfermer un almanach, deux livres de prières, le dernier volume de Bourget, un code et le *Parfait cuisinier*. Mais c'est tout ce qui touche aux bibliothèques, avec les spécimens de l'*Olympienne*, un nouveau pétrole dont une grande affiche représentant un personnage deux fois répété en complet crème s'écriant : « Dans huit jours vous saurez à quoi je pense », nous faisait présager l'arrivée.

Des pavillons, il est vrai de le dire, au nombre d'une vingtaine, sont consacrés à des étalages de librairie et on y trouve les noms bien connus des Hachette, des Quantin, des Delagrave, des Belin, des Firmin-Didot, ceux-là représentés par un groupe d'une mère et de sa fille, toutes deux des plus élégantes, figures de cire empruntées au Musée Grévin et qui personnifient le nouveau genre de la maison Didot, celle-ci ayant abandonné l'érudition pesante qui a fait sa réputation pour devenir la librairie du monde élégant, avec la *Gazette des Chasseurs* et la *Mode illustrée*.

Les machines à écrire, les autocopistes et les appareils photographiques occupent aussi une large place dans le grand hall du rez-de-chaussée, avec les belles œuvres céramiques de Clément-Massier, du golfe Juan et quelques beaux bronzes d'art.

L'album envoyé par les Dames Russes aux Femmes Françaises offre une suite de pages dont l'illustration est due au talent de peintres russes appartenant à toutes les classes de la société féminine. Cronstadt-Toulon mérite une réponse et un autre pavillon nous montre les premiers feuillets d'un album franco-russe auquel on vous invite à souscrire.

Comme on le voit, jusqu'ici, le livre n'apparaît que par hasard, il nous faudra aller le chercher au premier étage et pour cela, deux voies principales nous sont ouvertes, soit le grand escalier du fond que la Place Clichy a décoré de lanternes japonaises et d'armes *authentiques* provenant des Pavillons-Noirs, soit le chemin détourné qui nous conduit par les Catacombes.

Prenons par les Catacombes où le gardien, qui vient de percevoir nos cinquante centimes, abandonne son tourniquet à la vigilance d'un sergent de ville et nous conduit, la lanterne à la main, dans des corridors et des galeries de toile peinte imitant assez mal la pierre et nous récite un boniment péniblement appris. Les lecteurs de l'*Écho de l'Oise* lisent, depuis quelques mois, le feuilleton d'Elie Berthet et nous constaterons sans peine que la prose du romancier est bien supérieure à celle de l'auteur du guide. De distance en distance on nous montre un groupe de faux-monnayeurs, des imprimeurs clandestins au nombre desquels figure Marat, ce qui ne nous semble pas d'une grande exactitude et enfin, pour ne rien oublier un groupe de figures grotesques que, comme l'abbé de Chavigny, je ne puis m'empêcher de regarder en souriant, c'est le grand maître du Temple et son Conseil, restés dans les Catacombes depuis Jacques de Molay !!! Mais ces groupes formés de mannequins grossiers, et rappelant plutôt les personnages de terre cuite qui décoraient les jardins que les figures du Musée Grévin, manquent de vie et ne vous laissent qu'une impression grotesque ; le gardien ne laisse pas de vous rappeler que dans les vraies Catacombes, il y a des pyramides de têtes de morts, des monceaux d'ossements, mais que pour ne pas effrayer les dames on a cru devoir les supprimer. Abandonnons ce nouvel Hartmann dans ses souterrains et par un escalier qui rappelle celui qui conduisait au Val-de-Grâce, arrivons au premier étage où nous tombons dans l'exposition timbrophilique. On sait quelle est, depuis longtemps, la passion des amateurs de timbres-poste, mais on ignore généralement que des enfants elle est passée aux gens sérieux, qu'il y a des Sociétés philatéliques et que la timbromanie compte, aujourd'hui, une cinquantaine de journaux annonçant chaque semaine ou chaque mois les nouvelles émissions et faisant connaître les cours de ces timbres rares dont le prix atteint parfois quelques milliers de francs. Quatre ou cinq salles sont occupées par cette exhibition de petites vignettes carrées.

De là, nous traversons successivement des salles occupées par quelques pays étrangers qui ont pris part à l'Exposition, l'Autriche, la

Belgique, l'Angleterre, l'Espagne, les Etats-Unis, le Danemark, et plusieurs colonies. Parmi ces expositions une seule nous a semblé véritablement bien comprise, c'est celle du Danemark, dans laquelle un syndicat a su réunir l'ensemble des productions de la librairie et des arts qui s'y rattachent : publications officielles et scientifiques, livres de vulgarisation et journaux, illustrations et reliures. Les reliures sont, en général, fort remarquables et dénotent un goût très pur, aussi avons-nous été heureux de nous y arrêter quelques instants en écoutant les explications que veut bien nous donner M. Host, libraire de l'Université de Copenhague et secrétaire du Comité.

Huit scènes placées dans un décor approprié ont la prétention de nous faire connaître les écoles à travers les âges et dans divers pays. De Charlemagne dirigeant les écoles palatines la couronne en tête, nous passons rapidement au XVIIIe siècle où dans une sorte de masure, un magister armé d'une férule fait expliquer leurs lettres à de petits polissons déguenillés, pendant que le plus paresseux d'entre eux est agenouillé, coiffé d'un gigantesque bonnet d'âne.

L'école *moderne*, dans laquelle un instituteur en redingote démontre la théorie des solides à des élèves élégamment vêtus, dans une salle dont le mobilier réunit les plus récentes innovations, clôt cette série, dans laquelle nous ne citons que pour mémoire les écoles musulmane, hindoue, chinoise, etc.

Plus loin nous trouvons les éléments d'une histoire de l'illustration du livre, gravures sur bois et sur acier, lithographies, et dans un vaste pavillon d'angle une série de ces dessins originaux que les éditeurs commandent aujourd'hui à des prix élevés à nos premiers artistes. C'est là qu'on trouve les compositions de Jean-Paul Laurens, pour *les Récits Mérovingiens*, celles de Julien Le Blant pour les *Chouans*, des suites de Luc-

Olivier Merson et de Régamey et, à côté de singuliers produits de l'art chinois, les joyeuses fantaisies de Bob, qui nous semble faire de sérieux progrès dans l'art de dessiner les bonshommes.

A côté de l'illustration artistique, l'imagerie populaire a sa place et elle nous donne *Crédit est mort, la légende du Juif errant* et tant d'autres récits populaires, mêlés aux saints bariolés de rouge, de bleu et de vert, véritables images d'Epinal, recherchées aujourd'hui à l'égal des épreuves de Mellan ou de Dürer. A côté de ces estampes populaires françaises nous en trouvons venant de Russie, d'Espagne et même de Chine et du Japon.

Ailleurs ce sont les caricatures et les pièces satiriques, ces dernières fournies, pour la plupart par l'Angleterre, dont les artistes ont porté au plus haut degré ce genre de talent.

Plusieurs libraires et quelques amateurs ont garni des vitrines de livres rares et anciens, de reliures précieuses, mais cette partie de l'Exposition aurait pu être beaucoup plus complète. Il nous faut toutefois y signaler quelques collections originales et notamment celles des livres minuscules.

Aujourd'hui, avec les dimensions toujours de plus en plus restreintes des appartements, on hésite, à Paris et dans les grandes villes, à s'encombrer de volumineuses collections; les in-folio de l'*Encyclopédie* ne servent plus qu'à garnir les rez-de-chaussée des bibliothèques de châteaux et on apprécie les livres portatifs et de peu de volume. De là à l'exagérations, il n'y a pas loin, aussi a-t-on imprimé des volumes que l'on ne peut lire qu'à la loupe et qui semblent surtout convenir à des poupées. Il y a notamment à l'Exposition, une boîte posée sur un griffon comme un livre de lutrin et qui affecte la forme d'un in-folio; derrière la glace qui recouvre l'un des plats sont rangés sur des rayons des volumes microscopiques au nombre de plusieurs cen-

taines. Si elle n'est pas très pratique, l'idée
du moins est originale.

Les parois extérieures des galeries du premier étage ont été remplies d'un côté, en
partie par une intéressante histoire de l'industrie du papier peint depuis une centaine
d'années, formée par la collection de M. Follot,
mais dans laquelle malheureusement les
périodes les plus anciennes, la fin du règne
de Louis XVI et la Révolution ne sont repré-
sentées que par de trop rares spécimens.
Plus loin, ce sont ces gigantesques affiches
coloriées qui nous sont venues d'Amérique et
dont nos murs ont été couverts d'abord par
les annonces des cirques exotiques sur lesquelles on voyait des sylphides de six pieds
de haut, traversant des cerceaux, lancées sur
d'immenses chevaux. Mais ce n'était alors le
plus souvent qu'un grossier barbouillage, dans
lequel le rouge et le jaune venaient occuper
les espaces réservés entre les larges plaques
recouvertes d'une encre noire comme du bitu-
me. Aujourd'hui il n'en est plus ainsi, Chéret,
Willette, Forain et bien d'autres artistes n'ont
pas refusé de prêter leur talent pour créer ces
compositions gracieuses qui annoncent tantôt
les cantatrices de cafés-concerts, et les danseuses des cirques, tantôt les plus récents
produits du commerce et de l'industrie. C'est
ainsi que nos hautes murailles se trouvent
égayées pendant quelques jours avant que les
débris de ces annonces aillent s'empiler
dans la hotte du chiffonnier, et après avoir
parfois attiré sur elles les protestations de
l'austère ligue du sénateur Bérenger et plus
rarement subi le badigeon de la police politique.

Heureusement toutes les affiches illustrées
ne sont pas ainsi détruites et des amateurs
qui disposent de plus de place que les collec-
tionneurs de livres microscopiques s'arrachent
ces annonces et ces réclames, dont on fait
maintenant pour eux des tirages exceptionnels,

et dont nombre de journaux illustrés publient des réductions.

Il y a loin de là aux petites affiches grandes comme la main qui, à la fin du siècle dernier, annonçaient les représentions de l'Opéra, ou qui, il y a cinquante ans, suffisaient à appeler l'attention sur les chefs-d'œuvre littéraires et dont une salle de l'exposition nous donne aussi la série.

Il nous resterait encore bien des choses à signaler: au point de vue moderne, l'exposition collective du Cercle de la librairie, renfermant les publications des principaux éditeurs parisiens ; celles des reliures modernes, dans lesquelles d'habiles artistes, comme les Gruel et les Marius Michel, font entrer toutes les ressources de l'émaillerie, de la ciselure et même de la sculpture, sans compter la découverte nouvelle de la pyrogravure qui permet au dessinateur de laisser errer son imagination et de tracer avec sa pointe incandescente sur le bois comme sur le cuir des compositions aussi orignales que variées. Mais quoique notre carnet soit encore rempli d'indications et notre poche pleine de prospectus, nous n'abuserons pas plus longtemps de la complaisance de nos lecteurs.

Comment meurent les livres, c'est ce que se charge de nous apprendre une œuvre éminemment utile, l'*Asssciation Valentin Haüy pour le bien des aveugles*. Dans une salle à côté d'un atelier d'impression de livres à lettres en relief écrits d'après le système de Brajlle, nous voyons des aveugles utiliser les ouvrages incomplets, les brochures et les journaux en en faisant des sacs en papier. Il est vraiment intéressant de voir avec quelle habileté et quelle précision ils disposent les feuilles, les encollent et leur donnent sur des mandrins spéciaux la forme de sacs de toute grandeur. Cédés à bon marché aux revendeuses qui s'en vont, des halles, avec leurs voitures ou leurs paniers, porter dans les quartiers popu-

leux les fruits et les légumes et aux marchands
de marrons et de pommes de terre frites, ces
débris uniformes reçoivent encore une utile
destination, la dernière avant le moment où
ils serviront à allumer le feu de modestes
foyers.

Si l'Exposition du Livre n'est pas aussi complète que nous l'aurions désiré, elle répond
cependant à son titre et montre par ses différentes divisions ce qu'elle aurait pu être si
elle avait rencontré partout le concours que ne
lui ont pas ménagé les amateurs et les industriels qui en ont compris l'intérêt artistique et le
but pratique. Malheureusement, aujourd'hui,
les expositions sont trop fréquentes et bien
des personnes hésitent à se séparer pour quelques mois d'objets qu'elles n'ont pu se procurer qu'au prix de longues peines et de grosses
dépenses et sur le sort desquelles elles ne sent
pas suffisamment rassurées pendant cette période.

LE NOM

DU NOUVEAU QUARTIER DE CAVALERIE

de Noyon

Pendant longtemps les casernes de France n'ont le plus souvent été désignées que sous le nom de l'établissement dans lequel elles avaient été installées et c'est ainsi que beaucoup conservèrent la dénomination d'anciens couvents, telles à Paris les casernes de l'Ave Maria et des Célestins, à Lyon, de la Part-Dieu, etc. D'autres furent seulement connues sous le nom de la rue dans laquelle elles avaient été bâties, la Pépinière, Penthièvre, etc. Depuis quelques années on a pensé qu'il y avait lieu de donner aux casernes les noms de grands guerriers du moyen-âge ou de généraux célèbres. C'est ainsi qu'à Compiègne l'une des casernes a reçu le nom de Jeanne d'Arc.

Une fois le quartier de cavalerie de Noyon construit, on s'est occupé de le baptiser, mais la ville épiscopale a de tout temps produit plus de gens d'église que de militaires et on eut à lutter, non contre l'embarras du choix, mais contre la difficulté de trouver un parrain.

De guerre lasse, on s'était à peu près mis d'accord sur le nom du général baron Marin, né à Ville et qui a passé à Noyon les dernières années de sa vie. Mais, soit que les titres du général Marin n'aient pas semblé suffisants ou qu'il n'ait pas paru assez noyonnais, quoique né dans les environs, on l'a écarté et nous apprenons qu'une décision du ministre de la guerre du 6 mars a donné à la nouvelle caserne de Noyon le nom du général CAMBRONNE.

Le nom est illustre assurément, le général Cambronne a de fort beaux états de services, de brillants faits d'armes à son actif pendant sa carrière, seulement... il est né à Nantes, ce qui est encore plus loin de Noyon que Ville.

Mais ce qu'on ignore généralement c'est l'origine de la famille du général. Son père était de Saint-Quentin, mais sa mère était noyonnaise.

Peut-être est-ce le moment de rappeler ici les liens qui rattachent ainsi Cambronne à Noyon et à la région qui l'environne, c'est ce que nous avons fait, il y a quelques années, dans un article publié dans l'*Ami de l'Ordre* (15 mai 1892), où nous avons résumé les recherches de M. de la Nicollière-Teijero et que nous reproduirons ici en partie.

Au commencement du XVIIIe siècle, les Cambronne, courtiers en toiles à Saint-Quentin, avaient entrepris de fréquentes affaires avec les négociants nantais ; ces relations prenant rapidement une importance plus considérable, l'un d'eux, Louis Cambronne, marié en 1731, à Saint-Quentin, avec Marie-Anne Reneuve, vint s'établir définitivement à Nantes en 1740, pour y représenter la maison de commerce Saint-Quentinoise. Il amenait avec lui plusieurs de ses enfants. Le troisième, Pierre-Charles Cambronne, né en 1738 à Saint-Quentin, marié à Nantes en 1765, ne tardait pas à perdre sa première femme et, le 31 janvier 1769, il venait à Noyon épouser dans l'église de Saint-Martin Françoise-Adélaïde Druon. Six enfants naquiront de cette nouvelle union ; le second fut Pierre-Jacques-Etienne, le futur général, né le 29 décembre 1770 à Nantes et baptisé le lendemain dans l'église Sainte-Croix.

Adélaïde Druon, née vers 1742, était fille de Charles Druon, licencié-ès-lois, conseiller du Roi en l'Election de Noyon et de Marie-Louise Frassen. Charles Druon n'était pas né à Noyon, mais à Busigny (Nord), mais c'est dans cette ville qu'il s'était marié en 1726. En dehors de Madame Cambronne, plusieurs enfants étaient nés de ce mariage, notamment une fille qui épousa Jean-Charles-Marie Margerin, conseiller du Roi, garde-marteau en la maîtrise des eaux et forêts de Noyon, dont la mère appartenait à la famille Waubert de Genlis.

Toutes ces familles faisaient partie de la bonne bourgeoisie ou de la petite noblesse du Vermandois. Leurs membres portaient des noms de fiefs, comme Cambronne de Billancourt ou Druon de Bruneau, exerçaient des fonctions judiciaires ou remplissaient des charges municipales.

Les documents publiés par M. de la Nicollière établissent donc que Cambronne n'était pas un officier obscur et ne sortait pas des derniers rangs du peuple comme on l'a souvent prétendu.

Après avoir fait de fortes études classiques, dont il avait conservé le souvenir, car, au dire du général Mellinet qui l'avait beaucoup connu pendant les premières années de la Restauration, il était resté un latiniste distingué, Cambronne s'engagea le 27 juillet 1792, comme grenadier au premier bataillon de Mayenne-et-Loire. Lieutenant l'année suivante, capitaine en 1794, il devenait commandant en 1805, puis franchissait rapidement, au prix d'actions d'éclat et de blessures les grades supérieurs jusqu'à celui de général de brigade, gagnait la croix de commandeur de la Légion d'honneur, suivait Napoléon à l'Ile d'Elbe comme major du bataillon qui y accompagnait l'Empereur et reprenait à son retour en France un commandement dans la garde impériale.

Tombé sur le champ de bataille de Waterloo, il était fait prisonnier de guerre et ne rentrait de captivité que pour être écroué à l'Abbaye et passer devant uu conseil de guerre qui l'acquittait, du reste.

Réformé d'abord sans traitement après sa mise en liberté, Cambronne ne tardait pas à rentrer dans son grade en 1818 et Louis XVIII, après lui avoir conféré la croix de Saint-Louis, le rappelait à l'activité, lui donnait le commandement de la subdivision du département du Nord et remplaçait en 1822 par le titre de vicomte, celui de baron qu'il avait reçu sous l'Empire. Louis-Philippe enfin confirmait à Cambronne la dignité de grand-officier de la Légion d'honneur, qui lui avait été conférèe pendant les Cent-Jours et qui, comme toutes les nominations faites à cette époqne, n'avait pas été reconnue.

Au début de la Restauration, Cambronne resta auprès de sa mère à Saint-Sébastien près Nantes et après la mort de celle-ci, pour obéir à son dernier vœu, il épousa en 1820, une écossaise presque de son âge qui lui survécut peu d'années.

L'*Ami de l'Ordre*, du 14 mars 1895, nous a fait connaître à l'occasion de ce mariage un détail peu connu. Après s'être marié civilement le 10 mai 1820 à Saint-Sébastien où lui et sa femme avaient leur domicile légal, les nouveaux époux vinrent faire bénir religieusement leur mariage deux mois après, le 22 juillet, à la cathédrale de Noyon. Madame Cambronne née Marie Osburn, originaire de Glascow et veuve de M. John Sword, était protestante et ce fut avec des dispenses que le mariage fut célébré. Le prêtre officiant fut un cousin de Cambronne, Beaudoin-François Druon, docteur en théologie de la maison et société de Sorbonne, ancien chanoine de l'église cathédrale de Noyon et les témoins furent Henri-Marie Waubert, cousin de l'époux

Charles-Antoine Sézille, maire de la ville, François-Louis Margerin du Boulloire, adjoint et Charles-Louis de Forceville, qualifiés d'amis, mais qui avaient pour la plupart avec Cambronne des liens d'alliance.

N'ayant pas eu d'enfants, Cambronne reporta son affection sur une jeune anglaise, mariée par ses soins à un avocat de Nantes. M. Roussin.

Le général Cambronne mourut à Nantes le 29 janvier 1842 où on lui a élevé une statue en 1848.

Cambronne a-t-il à Waterloo prononcé la phrase célèbre : La Garde meurt et ne se rend pas, ou le mot naturaliste que lui prête Victor Hugo, c'est ce dont il est permis de douter, mais à côté de ces mots heureux trop souvent arrangés dans la suite par quelque historien, se trouve presque toujours l'expression première que y a donné naissance. C'est ainsi que Dalidet, un ami de Cambronne, reçut de lui cette réponse que si aucun pourparler n'avait eu lieu sur le champ de bataille et que s'il n'avait eu à répondre à aucune sommation de l'ennemi, il avait, en présence de la défense d'avancer, envoyée par l'Empereur au général Poret de Morvan qui se trouvait avec lui, prononcé ces mots qui, quoique moins concis, rappellent ceux de la légende.

« Mais l'Empereur ne sait pas qu'ils vont nous prendre comme des moutons, lui le premier !

« *Allons et mourons plutôt que de nous rendre*, tant que nous nous exterminerons les uns les autres, il aura le temps de se sauver. »

L'EXPOSITION DE BORDEAUX

Comment, encore une exposition ? Mais oui, après Lyon, Bordeaux a voulu avoir son tour cette année, de même qu'Amsterdam a pris la place d'Anvers.

Assurément, cela fait beaucoup d'expositions. Cela en fait trop, et le commerce est loin d'y gagner, affirment avec quelque raison certains industriels ou négociants, pendant que les économistes, qui n'exposent pas et ne s'exposent pas davantage, soutiennent qu'il n'y en a jamais assez pour faire progresser la science, développer l'industrie et augmenter le commerce.

Pour moi, je n'ai pas d'idées préconçues ; j'ai toujours été porté à croire que les Expositions avaient pour but de faire décerner dans les différents pays des décorations véritables et authentiques aux commissaires, aux délégués, aux jurés, en un mot à tous ceux qui n'exposent pas, et à faire donner à ceux qui ont la naïveté d'envoyer les produits de leur art ou de leur industrie une collection invraisemblable de bijoux émaillés, cuivrés, ruolzés, suspendus à des rubans, des rosettes et des chaînes qui, sous le prétexte de récompenses aux exposants, ne peuvent figurer avec raison à la boutonnière de personne, mais forment des tableaux qui ornent avantageusement les boutiques des charcutiers, laitiers et autres industriels primés..... On y voit de fausses palmes académiques, des imitations du mérite agricole et de pseudo-Nichams !

Mais, ce n'est pas pour discuter sur des principes philosophiques que nous sommes venus à l'Exposition de Bordeaux organisée par la Société philomatique de cette ville. Fondée en 1808, cette association, qui contribue notamment par ses cours au développement des arts et de l'industrie, n'en est plus à faire ses preuves et l'Exposition de 1895 est la treizième organisée par elle.

Par extraordinaire, du reste, me raconte-t-on dans la ville, et contrairement à ce qui a lieu presque partout, non seulement la Société rentrera dans ses avances, mais encore, grâce au prix élevé des emplacements concédés, elle fera un bénéfice de plusieurs centaines de mille francs.

L'emplacement choisi, qui a déjà été celui de plusieurs expositions précédentes, est *la Place des Quinconces*, qui s'étend du *Cours du XXX Juillet*, au *Quai Louis XVIII*. Sur cette place plantée d'assez beaux arbres que l'on a eu soin de ménager, s'élèvent un vaste pavillon central, flanqué d'un certain nombre de constructions annexes, et, au haut, du côté de la ville, au pied du monument des Girondins encore inachevé, une galerie circulaire et un bassin avec des fontaines lumineuses. — Celles-ci marchent quand il y a de l'eau et pendant le temps que j'ai passé à Bordeaux, au moment où il y avait à l'ombre le soir 30 0/0 sur le *Cours de l'Intendance*, la ville ne donnait pas d'eau.

L'Exposition de Bordeaux est une exposition mixte, internationale pour les vins, universelle pour la France et, je crois, les pays de l'Union latine.

La façade du pavillon principal, donnant sur le *Quai Louis XVIII* et la longue balustrade séparée par des colonnes rostrales, d'où l'on voit la Garonne et son mouvement animé de transatlantiques et de mouches, de remorqueurs et de barques, avec en face de soi les hauteurs de Lormont, et au loin Blaye, est consacrée au rez-de-chaussée à l'Exposition vinicole. Des bouteilles, et toujours des bouteilles; des tonneaux empilés et rangés comme des obus dans les arsenaux, des pyramides de fioles de formes variées aux étiquettes voyantes rehaussées de couleurs éclatantes et de dorures.

L'Exposition est internationale; aussi, à côté des pays qui produisent réellement des vins comme la France, l'Espagne, la Grèce, la Hongrie, l'Algérie, l'Australie, etc., voyons-nous figurer la Belgique..... qui expose les vins des caves des grands hôtels et d'autres importatateurs belges. — Il est vrai que la Belgique expose d'autres produits tels que le genièvre et certaines liqueurs stomachiques comme l'élixir de Spa. En effet, à côté des vins et des liqueurs, dans toute l'Exposition de Bordeaux, ce qui domine ce sont les apéritifs. Il y en a de tous les goûts et pour tous les goûts : Bitters et Genièvre, Aquavit et Amers au goudron venant de Norwège, Arraks de Suède, au parfum si doux et qui vous grisent si facilement, et puis toutes ces boissons nouvelles, versées dans d'élégants pavillons par des femmes aux costumes pittoresques, comme *la Bergére*. Nous n'y avons pas rencontré toutefois le *Sport*, l'apéritif favori des Compiégnois, mais évidemment nous avons dû mal chercher, car il ne peut manquer d'avoir sa place dans ce palais des liquides.

Nous ne vous promènerons pas dans les longues galeries du bâtiment principal où sont exposés les produits des diverses industries, ce sont toujours les mêmes objets, œuvres d'art industriel ou simples ustensiles, habilement exécutés et plus habilement présentés encore dans ces pavillons où les lourdes étoffes se mêlent aux gazes Liberty. Bijoux et pierres d'orfèvrerie, tentures et meubles, porcelaines t cristaux, vêtements, etc.; voilà ce que nous

retrouvons en parcourant nos notes, signalons
seulement deux charmants salons Louis XVI et
des cristaux de Lyon dont un service dit Im-
périal Russe qui, pour 48 couverts, coûte
8.000 francs, soit près de 170 francs pour
quatre verres.

Une partie imposante du pavillon central
est affectée à une industrie qui, à Bordeaux
comme à Nantes, dans l'Ouest et le Sud-Ouest,
a une importance considérable, je veux parler
des conserves alimentaires. Dans plusieurs
salles nous voyons dans des bocaux de cristal,
des compotes de fruits des plus appétissantes,
des flacons renfermant des macédoines de légumes prêtes à accommoder, des potages à la
Julienne, des truffes, des cèpes, etc.; mais ce
qui, à côté, attire notre attention d'autant plus
vivement qu'ici, il semble qu'il y ait un mys-
tère, le cristal fait place aux enveloppes de
fer blanc soudé, pour renfermer les conserves
de viande et de poisson, cette ressource des
voyages maritimes et des expéditions lointai-
nes. Je lis avec étonnement sur un étui pré-
cieusement fermé : *Oie entière rôtie, farcie
aux marrons.* FABRICATION DE 1851, et je me
demande si, comme les vins, les conserves
gagnent en vieillissant. Je pourrais au moins
pour les confits, que l'on excelle à faire en
Périgord, affirmer qu'ils ne perdent pas, car
j'y avais mangé quelques jours auparavant
une ballotine de faisan qui remontait à quelque sept ou huit ans et qui aurait pu lutter
pour la fraîcheur avec un produit sorti la
veille des mains du cuisinier. En passant, di-
sons pour ceux de mes lecteurs qui l'ignore-
raient que la ballotine est une sorte de daube
ou de galantine, dans laquelle la viande pilée
de la bête de composition, dinde, faisan, poulet,
est mêlée à du foie-gras.

Mais, assez parler cuisine et, sans plus tar-
der, allons au premier étage où nous trouvons
d'un côté l'exposition rétrospective et d'art

ancien et de l'autre, l'exposition artistique moderne.

Les galeries consacrées à l'art ancien sont nombreuses et remplies d'objets précieux. En tête, les documents historiques les plus intéressants des archives bordelaises, les œuvres les plus remarquables de la typographie locale, de riches reliures armoriées, et sur les murs, les plans et les vues de Bordeaux, les portraits de ses hommes célèbres, des caricatures locales; plus loin les découvertes préhistoriques, les armes du moyen-âge, de nombreux meubles sculptés, des vitrines renfermant des porcelaines et des bronzes, des bibelots, pour employer l'expression consacrée, et surtout une une magnifique collection d'émaux appartenant au comte de Castillon. Un salon est réservé au mobilier des deux derniers siècles et renferme des canapés, des fauteuils, des écrans recouverts de tapisseries des Gobelins et de Beauvais. En voyant dans de hautes vitrines les costumes de marquis, les robes de riches bourgeoises, les habits des jurats, on peut avec un peu d'imagination donner une vie à ces costumes et se figurer tous ces personnages traversant la Bourse ou sortant d'une fête dans le palais du duc de Richelieu. Une salle spéciale est consacrées à une exposition d'art flamand et hollandais. Les manufactures de l'Etat; Sèvres, les Gobelins et Beauvais, ont réuni leurs produits les plus nouveaux dans une salle qui sert de transition entre l'art ancien et l'art moderne. Ce dernier occupe cinq ou six salles divisées en salons bordelais, parisien, belge et étranger. On y trouve de nombreuses toiles déjà vues aux dernières expositions de Paris, de moyenne dimension pour la plupart, et dont l'une des plus remarquables est la *Main chaude* de Roybet.

Toute exposition doit avoir un *clou*, ici c'est le dôme central, élevé au dessus d'une vaste salle de spectacle et auqnel on parvient par un ascenseur. Le soir on découvre de là l'ensemble de l'exposition éclairé par des milliers de becs de gaz, mais ce qui impressionne encore le plus le visiteur, c'est la vue de la Garonne, avec son animation et ses nombreux bâtiments pavoisés de drapeaux.

L'importance de Bordeaux au point de vue maritime a fait donner une place particulière aux installations des constructions navales et aux produits coloniaux. L'Algérie, les colonies et les pays de protectorats ont leurs pavillons spéciaux et on a installé dans une longue allée circulaire un village soudanais et un village annamite peuplés d'habitants qui exercent leurs diverses industries. Le village annamite possède un théâtre où on entend les cris des acteurs et la mélopée monotone des musiciens ; le village soudanais est le plus intéressant des deux. Sous une cabane au toit élevé supporté par des piliers, les chefs tiennent un palabre, pendant qu'à quelques pas dans la mosquée le marabout fait l'école aux enfants ; au milieu de la rue, les femmes préparent le couscous et battent à grands coups de masse le linge qu'elles lavent et je doute que par ce procédé primitif elles puissent faire une grande concurrence aux *lisseuses* de Bordeaux dont l'habileté est proverbiale. Ailleurs, ce sont des forgerons et des orfèvres. des tisserands et des brodeuses.

Un casino ouvert le soir offre les divertissements variés que présentent les cafés concerts parisiens et dans un théâtre spécial, *Fancy fair*, se jouent des revues, dont l'intérêt existe surtout pour les Bordelais qui y reconnaissent de nombreuses allusions aux événements quotidiens de la cité.

De droite et de gauche des concerts où se presse l'élite de la Société. Là, de quatre à six heures, ainsi que le soir, viennent s'asseoir sur les chaises de jeunes et jolies femmes en

élégantes toilettes aux couleurs claires et
voyantes dans lesquelles on retrouve la passion des méridionales et notamment des
espagnoles pour les teintes vives et parfois
heurtées ; le rouge y domine à côté du jaune
et du vert-pomme. L'entrée pour la saison
n'est que de vingt francs, c'est dire que tout
Bordeaux passe sa vie à l'Exposition et que le
cours de Tourny et les rues qui avoisinent
la Comédie, — c'est le nom que l'on donne au
Grand Théâtre élevé par Louis et qui est
encore considéré comme un modèle — habituellement si remplis de monde jusqu'à une
heure avancée de la nuit sont presque déserts.

Un pavillon consacré aux divers syndicats
bordelais renferme les objets les plus variés,
depuis les chefs-d'œuvre des compagnons du
devoir, et les modèles des pâtissiers-glaciers,
jusqu'aux caricatures des notabilités bordelaises ; mais ce qui en fait l'attrait et ce qui y
attire surtout les enfants c'est la galerie extérieure en pente douce qui permet d'arriver au
faîte de l'édifice sans être obligé de recourir
aux escaliers.

A coup sûr, je passe et j'oublie bien des
choses exposées dans les galeries, mais il fait
si chaud que dans ce pays où on met des
chapeaux de paille aux chevaux des omnibus
et aux ânes des marchands de charbon, on
aime mieux se promener dans les allées du
parc, en allant manger des gaufres et boire du
café granité à l'aubette que tiennent de jolies
filles au costume boulonnais, ou se rafraîchir
avec des cocktails ou du ginger ale, au pavillon
américain où un garçon expérimenté mélange
savamment les divers ingrédients que l'on
savoure avec une longue paille afin de faire
durer le plaisir plus longtemps.

Les restaurants sont peu nombreux, mais
quelques-uns, celui de Blachère par exemple,
sont bons et à des prix raisonnables. Du reste,
malgré l'affluence des étrangers, les hôtels
n'ont pas augmenté leurs prix, on a une

chambre très confortable pour trois francs, on déjeune et on dîne fort bien pour le même prix au *Restaurant du Louvre* et dans d'autres établissements semblables, en ayant, par dessus le marché, l'espoir de gagner une obligation du Crédit foncier ! !

Je borne ces notes à l'Exposition. Si je voulais parler de Bordeaux, j'aurais encore de nombreux feuillets à y ajouter, pour rappeler, avant tout l'accueil si bienveillant et si cordial que reçoivent chez un Prince de l'Eglise, dont le souvenir est toujours vivant à Compiègne, ceux qui ont connu le curé de Saint-Antoine d'il y a dix ans. J'aimerais aussi à décrire cette ville si pittoresque et si curieuse de Saint-Emilion que ses monuments et avant tout son église monolithe, creusée dans le roc, méritent de faire connaître plus encore que ses vins, pourtant fort estimés, quand ils sont vrais, car il est peu de noms dont les restaurateurs aient plus abusé pour couvrir une de ces fabrications dans lesquelles le jus du raisin n'entre que dans de bien rares proportions.

VII

Excursion de la Société historique

à Remy, Grandfresnoy, Chevrières, Longueil-Sainte-Marie et le Fayel

(11 JUILLET 1895)

La seconde excursion faite par par la Société historique, particulièrement favorisée par le temps, a réuni un nombre exceptionnel d'adhérents.

Nous n'étions pas quatre-vingt-dix-huit, comme lorsque nous sommes allés au mois de mai visiter Chantilly, mais nous étions une trentaine au départ de l'Hôtel de Ville, et dans ce nombre dix dames avaient bien voulu répondre à l'appel du président.

Les chevaux entraînés nous amènent avant neuf heures au portail de l'église de Remy, édifice intéressant dont le chœur date de la seconde moitié du XVIe siècle, ainsi que l'attestent, indépendamment du style et de délicats ornements, la date de 1564, deux fois répétée en haut des contreforts. Les autels secondaires, malgré les peintures dont ils ont été recouverts, méritent d'appeler l'attention par leurs sculptures, et plusieurs statues de saints, celle de saint Denis, par exemple, sont de curieux types iconographiques de cette époque. De belles boiseries, appliquées sur les bas côtés et la tribune de l'orgue proviennent de l'église de Saint-Jean-aux-Bois et ont été achetées, il y a une trentaine d'années, par le

pasteur qui gouvernait alors l'église de Remy
Il y a, dans une ancienne tribune seigneuriale,
qui n'a peut-être été primitivement qu'un
enfeu, une pierre tombale relevée contre une
des parois et qui, sous un écusson repeint récemment, rappelle le nom de Jean-Claude
Bellon de Thurin, comte du Saint-Empire,
chevalier de Saint-Lazare, capitaine au régiment de Bourbon-cavalerie, qui fut seigneur
du fief Latache-Frenel, sis à Remy, et mourut
le 2 janvier 1744.

Le chœur de l'église de Remy fut recons-
truit au xvie siècle, grâce aux libéralités d'un
enfant de la paroisse, Abraham Ravaud.

Nous traversons, sans nous arrêter, le village d'Arsy et nous arrivons à Grandfresnoy où
— tandis qu'un cuisinier émérite, Octave Pinel,
met la dernière main à notre déjeuner, et que
l'hôtelier du *Roi de Cœur* achève de disposer
la table autour de laquelle tout le monde va
s'empresser de prendre place — nous nous dirigeons vers l'église, où nous attendent M.
l'abbé Roy, curé de la paroisse, qui deviendra
dans quelques jours notre confrère, et M. le
maire de Grandfresnoy.

Tout d'abord le beau clocher de style renaissance du milieu du xvie siècle, avec ses en-
roulements et ses blasons mutilés, nous donne
une idée de l'importance de ce monument que
le temps a respecté et dont on remarque avec
intérêt l'ancienne communication intérieure
avec les bâtiments du prieuré, servant aujour-
d'hui de presbytère. La construction de
l'abside de l'église semble postérieure d'un
demi-siècle à celle du clocher et à ses sculptures.

Une question qui semble se poser tout
d'abord est celle de savoir quel était le plan
de l'église primitive, dont on retrouve des
traces notamment du côté sud, dans le jardin du presbytère.

L'église fut incendiée au xvie siècle et on

entreprit alors la reconstruction du chœur, du transept et du bas-côté nord ; pareil travail fut projeté puis abandonné du côté sud où le bas-côté a gardé ses dimensions primitives et on a aveuglé à demi l'arcade qui devait établir la communication entre le transept et le bas-côté.

Arrivent les guerres des dernières années du règne de Louis XIII, les projets de restauration sont abandonnés, la peste et la misère suivent l'invasion, le pays est désolé et les traces du passage des armées de Jean de Werth et du prince Thomas sont rappelées sur un des piliers par une inscription grossièrement tracée et sur laquelle on lit : *L'an mil six cent trente-six, le 25 d'aoust, l'Espaignol est venu icy.* Dans une notice insérée il y a vingt ans, dans le second volume de notre *Bulletin*, M. Paisant a retracé les souvenirs de ces temps de misère et je ne saurais le faire en termes aussi émouvants.

Il ne reste que peu de parties intéressantes de l'ancien prieuré accolé à la façade de l'église, et dont une tourelle servant d'escalier a sa porte surmontée d'un fronton en bois sculpté avec un écusson, qui semble, par sa disposition, avoir servi de décoration à un autel. Cet écusson porte un chevron chargé de trois roses et accompagné de trois poires. — Nous voyons dans le cimetière une ancienne croix de pierre, supportée par une grosse colonne flanquée de quatre colonnettes que surmonte un fronton quadrangulaire dans les angles duquel se remarquent de petites figurines.

Malgré le triste état dans lequel se trouve ce petit monument, nous engageons très vivement M. le curé de Grandfresnoy à le faire transporter près de l'église, entre deux des contreforts, afin d'en assurer la conservation, au moment prochain où le cimetière va être supprimé.

En voiture, crie M. Raymond Chevallier, en appuyant cet appel des sons éclatants d'un *sirène* d'honneur que lui ont apporté ses confrères et nous partons dans la direction de Chevrières où nous attendent M. l'abbé Morel et M. le chanoine Pihan, curé-doyen d'Estrées-Saint-Denis, qui se joignent à nous pour le reste de la journée.

L'église de Chevrières a déjà été visitée dans diverses excursions de la Société, mais plusieurs de nos nouveaux confrères ne la connaissent pas encore et les autres revoyent avec intérêt les belles verrières datées de 1545 qui décorent les fenêtres du chœur et renferment des scènes de la vie du Christ et la légende de Saint-Vaast, les pierres tombales des Brouilly et le vieux banc seigneurial.

Longueil-Sainte-Marie nous montre ensuite son église et la statue du Grand Ferret nous rappelle le souvenir de l'héroïque bûcheron qui, bien qu'accablé par la maladie, sortit de son lit pour soutenir un combat suprême contre les Anglais. M. Hongre veut bien quitter quelques instants les invités réunis chez lui dans une fête de famille pour nous faire les honneurs du vieux château féodal, dont Siméon Luce avait rêvé la résurrection et qui, dans ses sentiments patriotiques, devait prendre place dans nos souvenirs nationaux auprès de la maison de la bergère de Domremy.

Après un court trajet, les voitures nous amènent au perron du château du Fayel où M. le baron et Mme la baronne Creuzé de Lesser veulent bien nous accueillir avec cette amabilité qui est chez eux une vieille tradition de famille.

Par une attention dont M. le président Sorel le remercie, M. de Lesser a gracieusement offert à chacun de nous, avant notre visite, une monographie du château due à la plume de M. l'abbé Morel qui, déployant ici son érudition habituelle a, dans un langage élégant, retracé l'histoire du château et des seigneurs qui ont

possédé le Fayel depuis le douzième siècle.
Des photogravures, œuvre de M. le baron Ernest Seillière, illustrent ce volume appelé à prendre place parmi les publications extraordinaires de la Société historique.

Guidés par nos aimables hôtes et par l'érudit historien, nous parcourons les différentes salles devenues historiques, en admirant les tableaux, les tapisseries et les meubles, et après une visite à la chapelle seigneuriale, reconstruite il y a quelques années et dont les murs sont couverts d'inscriptions funéraires, et au presbytère affecté à l'ecclésiastique qui joint aux fonctions de curé celles de chapelain du château, nous regagnons le vieil édifice dont la construction est attribuée à Mansart et prenons, dans la salle à manger, des rafraîchissements toujours bien accueillis des excursionnistes.

A cinq heures, nous quittons le Fayel et ses habitants et avant sept heures nous nous séparons sur la place de l'Hôtel de Ville, regrettant que cette excursion soit sans doute la dernière de l'année. En effet, nous avons dû, à cause des difficultés qu'elle présentait et de sa courte durée, renoncer à aller à Reims voir la splendide Exposition rétrospective qui y est organisée, au palais de l'Archevêché, dans les appartements royaux. Quelques-uns d'entre nous, et nous sommes du nombre, s'y sont rendus isolément et nous devons reconnaître qu'il est difficile de rencontrer une réunion aussi remarquable d'œuvres d'art de tous les genres. Mais les amateurs sont pressés de reprendre leurs objets et à l'heure où paraîtront ces lignes, l'exposition de Reims ne sera plus qu'un souvenir.

VIII

LE
Congrès historique et archéologique belge
de Tournai
(5-8 AOUT 1895)

Chaque année, depuis 1885, les Sociétés d'histoire et d'archéologie de Belgique se réunissent en un Congrès, auquel elles convient un certain nombre de Sociétés savantes des Etats voisins, France, Pays-Bas, Luxembourg et Allemagne. Tournai a été désigné en 1895 comme siége de ce Congrès, dont la Société historique et littéraire de cette ville avait pris la direction, faisant coïncider cette réunion avec le cinquantième anniversaire de sa fondation. Le succès a été considérable ; plus de six cents membres s'étaient fait inscrire et dans ce nombre la France comptait près de cent délégués.

Tous n'ont pas répondu à l'appel, mais cependant les principales visites et excursions ont compris près de deux cent cinquante personnes, et il a fallu toute l'habileté de M. Eugène Soil, secrétaire général du Congrès, pour organiser des excursions que le grand nombre d'adhérents semblait à première vue rendre impossibles.

La Société historique de Compiègne y était représentée par un moins grand nombre de membres que d'habitude, M. le président Sorel

qui avait été désigné comme son délégué ayant
été retenu au dernier moment par ses fonctions, ainsi que M. Raymond Chevallier. Deux
membres titulaires (MM. le comte de Marsy et
Charles Leman) ont par suite seuls pris part
au Congrès, mais à côté d'eux, se trouvaient
plusieurs correspondants français et belges de
la Société. MM. Léon Germain, le comte
Charles Lair, Charles Lucas, l'abbé Marsaux et
Joseph Depoin ; Henri Hymans, Fernand Don-
net, le lieutenant-général Wauwermans, Francart et Saintenoy.

La ville de Tournai est une des plus anciennes et des plus intéressantes de la Belgique et les liens qui, pendant tant de siècles
ont uni la vieille cité de Childéric à la France
étaient un attrait de plus dans cette circonstance.

Tournai, nous devons l'ajouter, a même eu,
à de fréquentes reprises, des rapports avec
Compiègne et ses environs et nous en rappellerons ici quelques-uns, ainsi que nous l'avons
fait dans une des séances du Congrès.

Sans remonter à l'époque mérovingienne où
nous verrions souvent nos premiers rois par-
tager leur temps entre leurs résidences de Compiègne et de Tournai, ni même au temps de
l'invasion des Normands où les chanoines de
Tournai vinrent chercher un refuge à Noyon,
nous voyons en 1200 Philippe-Auguste permettant à l'évêque, au chapitre, aux prévots,
aux jurés et à la commune de Tournai de
suivre les coûtumes de Senlis, qui ont toujours
été en vigueur à Compiègne, ville qui n'eut
jamais de coûtumes particulières.

Lors du célèbre tournoi donné en 1238, par
saint Louis, à l'occasion du mariage de son
frère le comte d'Artois, de nombreux seigneurs
du Hainaut et de Flandre vinrent prendre part
à ces fêtes où nous rencontrons notamment
les seigneurs d'Antoing et de Mortagne.

La vieille bancloke, placée dans le beffroi de

Tournai, porte le même nom que la cloche qui, depuis près de six cents ans, annonce aux Compiégnois les fêtes officielles et dont la voix se fait entendre aussi pour les avertir des incendies.

Toutes deux, cloches municipales, elles sont signées de ces célèbres fondeurs artésiens qui, pendant deux siècles, ont parcouru, la règle à la main, le nord de la France, la Belgique et l'Allemagne, laissant partout, de la Normandie aux bords du Rhin, des traces de leur passage et popularisant le nom de Croisilles. C'est en 1392 qu'un Guillaume de Croisilles fondit à Tournai, la bancloke, le vigneron et le timbre. C'est en 1303 qu'un autre Guillaume, le grand'père sans doute de celui-ci, inscrivit sur la cloche de Compiègne les vers bien connus :

> † *Bancloke sui moi fist on faire*
> *Au tems Foukart Harel le Maire :*
> *Lan mil CCC et III : de ki ;*
> *Maistres fut Gills de Bliki :*
> *Il et Guillaumes de Croisilles :*
> *Ci tient à clous et à kevilles.*
> *A mon nom la ville s'ahune :*
> *Pour la nécessité commune :*

Au XIVᵉ siècle, comme aujourd'hui, Tournai conviait Compiègne à ses fêtes et en 1331, sept courants avec trois bannières répondaient à l'appel de la société bourgeoise des Trente et un Rois de Tournai, à côté des représentants de Paris, de Senlis, de Saint-Quentin, d'Amiens, etc.

Quelques uns portaient des noms qui figurent avec honneur dans nos annales municipales, notamment Jacques Lescrivent et Cordelier Poulet. Ce dernier, que nos sociétés de gymnastique et d'escrime pourraient prendre comme patron, s'était fait une réputation méritée dans ces carrousels et nous le voyons aussi prendre part à des joutes données à Rouen sous Philippe-le-Bel.

Un siècle plus tard, les arbalétriers de Tournai, répondant à l'appel de Charles VII, se rendaient en 1441, à côté de ceux de Compiègne au siège de Pontoise et s'y conduisaient de manière à mériter les félicitations du roi.

Si nous quittons Compiègne pour parcourir les environs, nous avons à quelques lieues de nous Noyon, dont les évêques, depuis saint Eloi, furent pendant plusieurs siècles les mêmes que ceux de Tournai et en souvenir de ce double épiscopat qui ne prit fin qu'au milieu du XII° siècle, l'évêché de Noyon a placé sur le champ fleurdelisé de ses armes, deux crosses accolées.

Plus près de nous encore, à Saint-Amand de Machemont, nous trouvons un prieuré dépendant de la riche et puissante abbaye de Saint-Martin de Tournai, dont l'abbé Gordière a retracé à l'aide de documents recueillis aux archives de Tournai une histoire qui s'étend de la fin du XI° siècle à la Révolution.

Tels sont les souvenirs que j'ai résumés à la hâte, engageant à leur tour nos confrères tournaisiens à venir visiter les bords de l'Oise, en manifestant l'espoir qu'à leur départ, ils répéteraient, eux aussi, ces mots devenus classiques :

> Oncques ne vient à Compiègne
> Qui volontiers ne reviengne.

Je ne puis entrer dans le détail des séances du Congrès, pendant lesquelles dans trois sections ont été agitées tour à tour des questions d'archéologie préhistorique, d'histoire, d'archéologie et de beaux-arts. Qu'il me suffise de dire que toutes ont été bien remplies et qu'à côté de problèmes locaux, on a soulevé de grandes et importantes questions, notamment sur l'origine de l'architecture romane et de

l'architecture gothique, sur l'influence tour-
naisienne dans les arts, etc.

M. Cons, professeur à la Faculté de lettres
de Lille, délégué du ministre de l'Instruction
publique de France, a donné une conférence
fort intéressante sur l'extension de la langue
picarde au moyen âge ; M. le docteur Carton,
médecin major du 19e chasseurs à Lille, nous
a entretenus des fouilles fort importantes pour-
suivies par lui depuis plusieurs années en
Tunisie où il a découvert diverses localités
qui lui ont fourni par centaines des inscriptions phéniciennes et romaines. M. de Monne-
cove nous a conduit sur les voies romaines
qui partent de Bavai et a donné d'excellents
préceptes pour en effectuer la recherche à
l'aide de certains noms de lieux. MM. Cloquet,
Destrée, Soil et Saintenoy nous ont parlé des
monuments et des artistes de Tournai.

La visite des monuments de Tournai a pris
la plus grande partie de notre temps et cela
était justice, car il est peu de villes offrant un
nombre aussi considérable d'édifices de tout
genre et de toute époque.

Grâce à un excellent guide rédigé par M.
Eugène Soil, nous avons pu les étudier dans
les plus grands détails et arriver devant eux
munis de tous les renseignements nécessaires
pour en connaître l'origine et la destination.

« Quatre époques, nous dit-il, semblent
avoir laissé leur empreinte particulière dans
l'histoire archéologique de la Ville.

L'époque romaine représentée par les nombreux cimetières — la période romane à laquelle appartiennent la cathédrale, les églises
de Saint-Quentin, Saint-Piat, Saint-Brice, les
maisons romanes de la rue Barre-Saint-Brice,
de nombreuses cryptes et la seconde enceinte
fortifiée — la période gothique qui fut féconde
en monuments religieux, civils et militaires
de haute valeur, tels, par exemple, que le beffroi, le pont des Trous et la tour d'Henri VIII,

qui vit briller les arts et les grandes industries artistiques, sculpture sur pierre, gravure
sur cuivre, tapisserie, faïence et porcelaine —
le xviie siècle, enfin, où la cité fut riche par
le commerce ; où les ordres religieux en se
multipliant donnèrent naissance à de nombreuses constructions, où la ville se trans-
forma et se modernisa d'une manière complète, sous les archiducs Albert et Isabelle
d'abord et plus encore après la conquête française de 1667.

Le mauvais temps a, par moments, contrarié
les excursions, au nombre de deux, mais les
congressistes ne se découragent jamais et
malgré la pluie, le mercredi, ils pataugeaient
bravement dès le matin sur le champ de bataille de Fontenoy, écoutant sous leur parapluie, le récit technique et cependant très
imagé que leur faisait M. Hecq, capitaine aux
grenadiers, de la journée du 11 mai 1745 où
après une lutte acharnée qui peut être considérée comme une des pages les plus chevale-
resques de l'histoire militaire, l'armée française que commandait le maréchal de Saxe,
en présence de Louis XV, défit les alliés anglais et hollandais qui avaient à leur tête le
duc de Cumberland, second fils du roi d'Angleterre.

De Fontenoy on gagne Antoing, où un second groupe vient par le chemin de fer renfor-
cer le premier.

Le château d'Antoing, propriété du prince
Charles de Ligne comprend un donjon contemporain de Pierrefonds, aujourd'hui presque
entièrement engagé dans des constructions
modernes, une belle enceinte fortifiée, dont
l'entrée est garnie d'un ouvrage avancé et
dans une tour, une petite chapelle, dans laquelle depuis la construction d'une nouvelle
église, on a réuni un certain nombre de monuments funéraires fort remarquables des familles de Melun et de Ligne, dont le plus im-

portant est le mausolée de Florent de Ligne
et de sa femme Louise de Lorraine, avec leurs
effigies agenouillées. Après une courte visite
à la nouvelle église d'Antoing, ncus regagnons
la gare et remontons en chemin de fer pour
aller voir Belœil, but principal de notre excursion.

En descendant du train, nous nous précipi-
tons dans l'hôtel qui s'est engagé à nous fournir deux cent quarante déjeuners. Aussi, y
a-t-il des tables partout, en haut, en bas ; les
craintes que nous éprouvions de mourir de
faim ne se réalisent pas heureusement et dès
que chacun a réussi à conquérir le libre usage
de ses bras, les plats et les bouteilles ne font
que paraître et disparaître. Le clairon sonne,
car nous avons amené pour nous rallier deux
artilleurs de la garde civique, et nous nous
dirigeons par groupes vers le château et le parc
que Mgr le prince de Ligne a bien voulu nous
autoriser à visiter et où il a accueilli avec la
plus grande amabilité les membres du bureau
qui lui ont été présentés par M. le comte de
Nédonchel, président du Congrès.

Décrire en quelques lignes un château qui
est l'un des plus importants de la Belgique,
dont les collections sont considérables et dont
le parc avec ses bassins d'un demi kilomètre
de long lui a fait souvent donner le nom de
Versailles de la Belgique est, on le compren-
dra, une tâche au-dessus de nos forces.

Reconstruit au XVIIIᵉ siècle sur les bases
d'un manoir féodal du XIIᵉ, Belœil offre un
quadrilatère carré, flanqué de grosses tours,
bâti au bout d'une avenue d'arbres séculaires
et précédé de deux longs bâtiments servant de
communs.

Après avoir traversé, au milieu d'une haie
de valets de pied en grande livrée, un immense vestibule décoré des bustes de Voltaire,
de Rousseau et d'autres littérateurs célèbres,
on entre dans une vaste salle à manger boisée

dans les panneaux de laquelle ont été placés
les portraits des souverains avec lesquels le
prince de Ligne s'est trouvé en relations pendant la seconde moitié du XVIII° siècle. Frédéric le Grand, Catherine de Russie, Louis
XVI et Marie-Antoinette, le prince Charles de
Lorraine, tels sont les figures bien connues
que l'on y reconnaît tout d'abord.

Dans une tour d'angle est la chapelle de
style Louis XV, dont les ornements de l'autel
sont en vermeil garni de corail. Les coraux
abondent du reste dans l'ornementation d'un
certain nombre de meubles exécutés dans
l'Italie méridionale et qui rappellent que l'un
des princes de Ligne fut, au commencement
du siècle dernier, vice-roi de Sicile.

On parcourt une suite de salons de style
Louis XV, décorés de portraits historiques et
où des meubles et des vitrines renferment
de précieux objets, tels que la chaine de l'ar-
chiduc Albert, l'épée de Rubens, la cuiller de
Luther, des pièces d'orfèvrerie et des émaux ;
un salon chinois réunit des porcelaines de la
plus grande rareté parmi lesquelles on ne
manque pas de vous faire remarquer un chat
de couleur violette, pièce exceptionnelle.

Dans un petit salon, l'œil s'arrête avec
émotion devant un buste de marbre blanc au
port imposant, mais dont la figure mutilée à
coups de hache et de marteau ne laisse plus
distinguer les traits, c'est celui de Marie-Antoinette qui se trouvait aux Tuileries et y fut
brisé au moment du sac du palais.

En haut, les appartements du prince, et sur
un vaste palier nommé *le Théâtre*, des services
de porcelaine, des tableaux et des armures,
dont l'une tient l'épée qui servit, dit-on, à dé-
capiter le comte d'Egmont.

Partout des portraits, des tableaux, et notamment une belle série de batailles.

Mais, il nous faut quitter le château pour parcourir les jardins, dessinés en 1711 par Le Nôtre,

C'est là que revit surtout le souvenir du feld-maréchal prince de Ligne, tour à tour écrivain, diplomate et soldat, le favori des souverains et l'ami des hommes de lettres les plus célébres de son temps.

« Quand le prince de Ligne s'échappe de Bruxelles, écrivait Peetermans, dans *Un écrivain grand seigneur au XVIII° siècle*, il vient habiter Belœil. cette résidence pleine d'une grandeur qu'elle doit à l'âme fière du maréchal. Tout ce qu'il y avait là d'agréable et de joli était son œuvre; mais tout ce qui était grand, ce qui était digne, noble et majestueux appartenait à son père. Belœil se composait d'une suite de forêts, de jardins, de parcs, de maisons de campagne et de chasse. Il faut lire la description qu'il en a donnée, pour se peindre ces beaux lieux, à de certains jours, tout en fête, peuplés des habitants du village en costumes de bergers et de bergères, du milieu desquels se détachent de brillants officiers, de jolies dames attirées de Bruxelles ou de Paris, entourant l'hôte royal qui est l'heureuse occasion de toutes ces magnificences. Il y invite tour à tour le roi de Suède, le duc d'Orléans, le prince Henri de Prusse, le frère du roi de France. Lors de ces réceptions, rien ne coûte assez, surtout quand le jeune comte d'Artois visite Belœil en 1782. Des flots de lumière s'élèvent en gerbes éblouissantes entre les arbres et sous les charmilles pour éclairer des fêtes de nuit, où chaque invité devient acteur et contribue à l'effet du tableau. »

Belœil tout à la fois magnifique et champêtre

Tel est en un vers l'impression que résumait Delille.

On me pardonnera de ne pas parler des carrières du bassin de l'Escaut, des fours à chaux et à ciment et de la Pierre Brunehaut, puisque je n'ai pas pris part à cette seconde excursion. Je ne décrirai pas davantage la réception à l'Hôtel de Ville et à l'Evêché, le banquet de plus de cent couverts, fort bien ordonné, qui a eu lieu dans l'Hôtel des Volontaires-Pompiers et où les toasts se sont succédés, nombreux comme les vins qui nous étaient servis. En revanche, je tiens à rappeler la fête donnée sur la grand'Place, avec embrasement du vieux beffroi, aux sons du joyeux carillon.

Mais quatre jours sont vite passés, surtout lorsque comme nous on a reçu l'hospitalité chez d'excellents amis et on se quitte en se donnant rendez-vous en 1896 à Gand.

La route directe pour rentrer à Compiègne devait me mener à travers les bassins houilliers du nord de la France, j'ai préféré le chemin des écoliers et je suis allé à Bruxelles où l'on trouve toujours de nouvelles attractions : un nouveau Van Dyck, au Musée, une exposition d'enseignes, nous montrant à côté d'une série d'anciens types recueillis dans les différentes villes de Belgique, les derniers modèles grâce auxquels les ferronniers tentent de donner un attrait de plus aux maisons des boulevards et de la Montagne de la Cour, qui commencent à recevoir des décorations polychromes comme celles d'Augsbourg et de Munich et dont les balcons se fleurissent dans l'espoir de gagner quelques-uns des prix des concours institués à cet effet plusieurs fois par an.

A VENISE à *Bruxelles*, on se promène dans de vraies gondoles sur des canaux en écoutant la musique des bersaglieri et les aubades des chanteurs populaires ; mais ce n'est pas jour de fête, les masques, les dominos et les haütes garnies de dentelles sont restés accrochés dans les magasins des costumiers et il faut attendre un soir meilleur pour se croire au temps du célèbre carnaval. Nous nous consolons en allant à la kermesse, près de la gare du Midi, voir tourner de gigantesques carrousels et humer l'odeur des beignets à la graisse. Quatre heures plus tard, nous sommes de retour à Compiègne, cherchant à mettre quelque ordre dans nos souvenirs, en attendant une occasion pour aller au cœur de la Hollande voir « le Vieil Amsterdam. »

IX

EN BELGIQUE ET EN HOLLANDE

I

L'Exposition d'Amsterdam

Je m'étais bien promis cette année de ne plus aller voir d'expositions, mais il en est de certaines résolutions comme des serments d'ivrogne ; aussi, il y a quinze jours, je reprenais la route de Belgique où, grâce à un billet d'abonnement dont le prix varie, suivant les classes, de 25 à 50 francs, on jouit maintenant du droit de voyager librement pendant une quinzaine sur le réseau des chemins de fer de l'Etat, ce qui permet de circuler dans toute la Belgique, à l'exception de quelques parties du Limbourg ; mais la Campine offre peu d'attraits, aussi n'a-t-on pas de regrets de ne pouvoir aller en visiter les rares villes, la plupart de peu d'importance, et les tristes campagnes.

Grâce à l'abonnement, on ne regarde plus aux distances, on n'a plus besoin de faire d'avance son itinéraire ; on voit aujourd'hui l'annonce d'une fête à Bruges, *port de mer*, et le lendemain celles de l'inauguration de la Maison des ouvriers de Nivelles, de la descente en parachute de l'aéronaute Capazza, ou de quelque autre attraction, comme le jugement aux assises du Hainaut du représentant socialiste Defuisseaux, rien ne vous empêche d'aller en quelques heures de l'une à l'autre. Je n'ai pas l'intention de retracer ici, par le menu, mes impresions vagabondes, de Luxembourg à Anvers el de Gand à Pepinster, mais je demanderai aux lecteurs de l'*Echo* la permission de leur raconter quelques-uns des souvenirs de ces excursions, et pour commencer, nous irons tout droit à Amsterdam où depuis le printemps est ouverte une Exposition internationale et universelle, mais qui présente bien des lacunes et qui, si elle était le seul attrait d'un voyage en Hollande, laisserait trop de déceptions, surtout si on compare la nouvelle exposition à celle qui eut lieu en 1883 au même emplacement et qui eut alors le plus grand succès.

On n'était pas encore, en effet, blasé à ce moment sur toutes les expositions coloniales et la Hollande avait fait alors une très large place à ses possessions des Indes ; c'est là que pour la première fois on vit en Europe les Javanais, leurs gracieuses danseuses et leurs orchestres singuliers, et que l'on put s'offrir dans des jonques chinoises des repas où l'aileron de requin et les nids d'hirondelles accompagnaient les petits chiens rôtis. Cette année, il n'en est pas de même, pas d'expositions coloniales, pas d'expositions des beaux-arts, pas ou peu de ces quartiers orientaux, de ces rues du Caire avec leurs chameaux et leurs ânes qui, après avoir fait en partie le succès de l'Exposition de Paris en 1889, reparaissaient l'an dernier, mais avec moins d'attraits, à Anvers.

Qui a organisé l'Exposition d'Amsterdam, c'est ce que j'ignore, je sais toutefois que ce n'est pas une entreprise de l'Etat et qu'elle est l'œuvre d'un groupe de spéculateurs ou de négociants qui ont visé à l'économie et n'ont réussi à satisfaire ni les visiteurs, ni les exposants. Les premiers sont venus en petit nombre

et les seconds, qui ont payé fort cher les empla·
cements qu'ils occupent sont loin de se récupérer
par la vente, des frais qu'ils ont fait, c'est du
moins ce que m'ont confié plusieurs d'entre
eux et il est facile de le constater en voyant,
par exemple, que les Italiens qui exposent ces
petites statuettes de marbre, sorte de caricatures modelées, dont le débit est ordinairement
assuré par centaines, ne vendent même pas
par unités ces mièvres figures qui nous montrent combien est aujourd'hui dégénéré ce
grand art de la statuaire qui, de l'antiquité à
la Renaissance, fût, en quelque sorte, le monopole de Rome et de Florence. Nous voici
bien loin de Ghiberti, de Donatello et de
Michel-Ange. Les jolis fauteuils en bois sculpté
de Florence, sur lesquels il faut éviter de s'asseoir, si on ne veut les écraser, ne paraissent
pas avoir été plus heureux et, jusqu'ici, le
plus gros acheteur, c'est la *Tombola*.

On a évité la dépense d'un fronton monumental en faisant de la façade du nouveau
musée l'entrée de l'Exposition et là, après
avoir traversé une voûte sombre, on arrive
dans un enclos à la droite duquel s'élève
un grand pavillon sans caractère dans lequel
sont réunis avec assez peu d'ordre les produits
des principaux pays : Pays-Bas, France, Belgique, Allemagne, Italie ; je ne parle pas des
autres, car ils sont à peine représentés : la
Russie n'a qu'un exposant, il est vrai que c'est
Grunwald le grand marchand de fourrures,
mais les hollandais contemplent avec respect
ses ours, marchandent ses zibelines et ses
martres et passent outre.

La France a bien fait les choses et elle tend
à relever par ses envois le niveau de l'Exposition ; il est vrai que M. Le Lorrain, président
de la Chambre de Commerce française, qui
jouit d'une haute situation, n'a pas ménagé
ses peines. Les bronzes, les pianos, et les envois collectifs de plusieurs syndicats donnent

une idée de l'importance de nos industries d'art, mais une suite de poupées avec des costumes historiques, et un groupe de mannequins avec les uniformes de notre état-major attirent surtout les curieux. Si la France est convenablement représentée, il n'en est pas de même de tous les autres pays. L'Allemagne nous offre, comme une des pièces importantes, une statue de la jeune reine Wilhelmine, avec son poney favori, sujet vulgarisé depuis quelques années par des tableaux et des photographies ; et pourtant j'ai dit en commençant qu'il n'y avait pas d'exposition des beaux-arts, c'est vrai, mais la statue de la reine n'est pas une œuvre d'art. Nous avions déjà vu des bustes du roi Léopold en stéarine, des statues de Washington en chocolat, la reine Wilhelmine et son cheval sont faits en morceaux d'éponges de diverses couleurs, de finesses différentes et rien n'est plus grotesque ; pauvre petite reine, quelle triste mine elle doit faire lorsque l'on trempe dans l'eau ce bizarre assemblage.

Le pavillon est beaucoup trop grand pour les produits qu'il contient ; aussi, malgré le soin que l'on a pris d'espacer certains objets, des étoffes et des tapis surtout, ce qui a un faux air d'un carré du Temple, — et pourtant la place y coûte cher, 65 francs le mètre environ, — il y a de grands espaces vides que n'ont pu remplir les marchands de chapelets de Bethléem et les confiseurs turcs qui débitent du ratlecoum. On a dû laisser inoccupés de vastes déserts qui sont sans doute destinés à recevoir les produits des régions non encore découvertes dans l'Afrique centrale ; PAYS DIVERS, comme disent les écriteaux.

Tout cela est triste, sans vie, malgré les gazouillements d'oiseaux chanteurs exposés par des marchands de cages, « oiseaux vivants », ne vous en déplaise, malgré le bruit des orgues mécaniques et le son des pianos, de plus, on y sent l'ozone à plein nez et on a hâte d'en sortir et d'échapper à l'insistance des marchandes de billets de tombola qui, pour la beauté et l'élégance, peuvent lutter avec les officiers de l'armée du Salut.

Allons dans le parc, si on peut donner ce nom à une vaste pâture, dans laquelle on a amené au milieu d'une flaque d'eau un vieux navire démâté qui sert de bazar et, je crois, aussi de restaurant. Là, c'est le Sahara, les attractions y sont rares : quelques pavillons viennent de l'Exposition d'Anvers et ce n'étaient pas les plus beaux ; l'ethnographie est représentée par le « Voyage au centre du globe » où à Anvers deux nègres attiraient les visiteurs à grands appels d'un long tuyau de corne ; ils sont toujours là et soufflent de même, mais sans amener la foule ; plus loin, des montagnes russes, deux manèges de chevaux de bois, une balançoire mystérieuse, voilà, avec un endroit entouré de planches et où l'on danse pour deux sous au son d'un gigantesque orchestrion, pour les plaisirs. Il y a encore, parmi nos anciennes connaissances, un immense éléphant en carton-pierre, dont le pavillon est coiffé d'une bouteille. On monte par l'une de ses jambes dans un cabaret où l'on boit du vin du Rhin et sans doute aussi de la bière. Mais bien qu'il soit loin d'avoir atteint l'âge habituel de ses semblables, il a bien souffert depuis l'an dernier le pauvre éléphant, son enveloppe se détache de place en place et, pour panser ses plaies, on lui a appliqué, en guise d'emplâtres, de grandes affiches multicolores.

Il y a encore dans un coin un ensemble de boutiques en bois, sorte de bazar, coupé de voies intérieures, comme on en voit dans les foires et villes d'eaux, c'est là qu'on a relégué les marchands d'imitations de bijoux faux, les restaurants à bon marché, les camelots cosmopolites, pour les appeler de leur vrai nom,

et au milieu d'eux, à côté des charcutiers qui
vendent des saucisses de Francfort et des
marchands de beignets, on voit une boutique
peinte en bleu-ciel au fronton de laquelle est
écrit : *Alcool est un poison* (Dr Crock). C'est un
débit de tempérance ; d'un côté, on y vend de
la limonade, du thé et de l'eau glacée, de l'autre on distribue des brochures, des tracts et
des images pieuses ou morales et il est amu-
sant de voir le sérieux avec lequel les consommateurs, les « amis », assis sur des chaises,
hument leur verre d'eau, en chantant des cantiques ou en écoutant la parole de Dieu.

N'y a-t-il donc que cela à l'Exposition ? Si,
il y a à l'entrée à gauche une petite ville,
imitation du Vieil Anvers, que l'on appelle
la vieille Hollande « OUD-HOLLANDT », et pour
la quelle on a emprunté des types dans la
plupart des villes des Pays-Bas depuis la Frise
jusqu'à la Zélande.

Assurément la copie ne vaut pas l'original
et pourtant, en tout autre pays, cette reproduction d'une ville du commencement du
XVIIe siècle aurait pu avoir quelque succès.

Après avoir pris son ticket de 10 cents, —
mais 10 cents de Hollande qui font 24 centimes, comme le florin qui coûte 42 sous et ne
représente qu'un franc, dans les dépenses —
et traversé une des portes de Nimègue, gardée
par des soldats, on arrive sur un petit canal,
aux eaux stagnantes et vaseuses, dans lequel
s'ébattent des cygnes et des canards, entouré
des deux côtés de quais et de maisons et que
termine un pont. Au delà se trouve une place,
un marché, avec son hôtel de ville, ses boutiques, son jeu de paume, ses auberges et ses
cabarets avec leurs petits jardins. Inutile de
dire qu'il y a aussi un puits de fer forgé, rival
de celui de Quentin Metzys. Comme toutes les
populations primitives et maritimes, le Hollandais a l'amour des bijoux. En dehors des
ornements de tête, des casques et des épingles,

les femmes adorent les broches, les esclavages,
les lourdes boucles d'oreilles et les bracelets ;
on ne saurait ce que les doigts en saucisse
d'une pêcheuse de Scheweningen peuvent
supporter de bagues. Quant aux hommes, ils
sont plus modestes : avec deux gros boutons
de filigrane au col de leur chemise, une ceinture fermée de deux plaques d'argent estam-
pées aux armes de la province, prix gagnés
dans des courses ou des « carrousels bourgeois », une grosse montre d'argent et des
anneaux d'oreilles, ils se tiennent pour con-
tents.

Les boutiques de cette lourde orfèvrerie
tiennent donc le premier rang ; à côté d'elles se
trouvent celles de dinanderie, de poupées aux
costumes nationaux, de pipes en terre et de
ce tabac blond en perruque que l'on prendrait
pour la chevelure de Vénus, que les gens du
peuple enferment dans des drageoirs de cuivre
estampé et dont ils se bourrent agréablement
la bouche, à l'enseigne de « Jan Toeback »,
des étalages de gravures anciennes et de vieux
livres, prix reliés en parchemin aux armes
des villes des XVII provinces ; un imprimeur
qui publie une gazette et réédite de vieux
livres populaires tels que le Roman du Renard,
et Flore et Blanche Fleur ; puis des restaurateurs, des pâtissiers et des marchands des
liquides les plus variés. Dans un coin, précédé
d'un ancien musée de figures de cire, qui dut
à l'origine être la propriété de quelque rival
de Curtius et qui s'est augmenté d'un géant
municipal, demodé et vendu à vil prix, se
trouve un labyrinthe, dont les charmilles sont
remplacées par des cloisons de bois que dissimule mal un treillage peint et recouvert de
quelques branchages. Chacun s'y égare, tourne
et] retourne à la satisfaction des premiers
arrivés qui, du haut du café qui le surmonte,
voyent avec plaisir les efforts infructueux de
ceux qui les suivent,

Tout cela est consciencieusement exécuté, mais ce qui manque, c'est la vie. Nous ne retrouvons pas nos joyeux Flamands qui, l'an dernier, dès qu'ils avaient un moment quittaient leurs échoppes pour aller sous les arcades de la Bourse danser avec les servantes, en plaisantant et, le soir, sortaient de la ville en chantant derrière les musiciens et les gardes. Ici les figurants sont peu nombreux et les hommes, dans leurs costumes noirs, au grand col de toile, au chapeau pointu, la longue pipe de Gouda à la bouche, les femmes à la jupe noire ou brune, au corsage et au béguin blancs, leur tricot à la main, semblent les uns sortir du prêche et les autres aller à la poissonnerie. Une musique pourtant se fait entendre, mais, à côté de quelques morceaux anciens, elle exécute sans entrain des valses et des quadrilles.

Dans les boutiques, ou devant leurs portes, les marchands attendent calmes et graves sans rien offrir à leurs clients, les ouvriers travaillant à leurs métiers sont rares, les consommateurs attablés aux portes des cabarets boivent sans bruit leur bière ou leur schiedam et offrent à leurs compagnes un verre de curaçao ou un « advocat ». Ce qui manque à ces tableaux c'est l'animation. On aimerait à rencontrer au milieu de ce marché la ronde de Rembrandt, à y reconnaître la compagnie du capitaine Kock et à voir les soldats de la garde civique de Van der Helst s'attabler en plein vent en lutinant joyeusement femmes et filles, et dans quelque coin les buveurs et les musiciens de Teniers, de Van Ostade et d'Honthorst, mais il n'en est rien, tout est froid et raide et sent d'une lieue son calvinisme. Tout au plus, par quelque fenêtre entrebaillée, aperçoit-on quelques-unes de ces scènes d'une familiarité grossière qu'aimait à représenter le pinceau de Jean Steen. L'aimable cabaretière se fait vendeuse d'amour, mais au lieu du

hardi truand, tenant en sa main le hareng
qu'il offre en présent, ou du bel aventurier
au feutre empanaché et au baudrier brodé mais
légèrement défraîchi, c'est quelque commis de
banque au plastron de couleur voyante ou
quelque israélite au nez crochu et au ventre
balloné chargé de bijoux que vous verrez
trinquer avec Rachel ou Sarah.

On se sent dans la vieille et rigide Amsterdam où, depuis la Réforme, on était en apparence strict et sévère, ce qui n'empêchait
d'imprimer plus d'un pamphlet qui, sous prétexte d'écraser le papisme, écornait trop souvent la morale. C'est une kermesse, mais sans
la gaîté joyeuse et un peu grossière de
Teniers; on sent qu'on peut y boire ou s'y
saouler, mais sans se griser.

Décidément les habitants de la « Vieille
Hollande » n'ont pas su imiter leurs modèles
et j'aime mieux aller dans cet admirable musée
revoir les vieux maîtres et chercher dans leurs
toiles la vie qui manque ici.

Il faut ajouter qu'à Anvers, les vieilles maisons qui ne sont pas détruites sont dispersées,
ou subsistent dans des quartiers peu abordables
et que c'était là une raison de reconstituer,
avec le concours de ce groupe d'artistes distingués que l'on chercherait vraiment dans
une autre ville, l'aspect d'un ancien quartier,
avec sa vie habituelle, ses fêtes religieuses et
civiles. Il n'en est pas de même à Amsterdam
et ailleurs en Hollande où des parties entières
de certaines villes ont conservé l'aspect
qu'elles avaient il y a deux ou trois siècles,
aussi cette restitution, dépourvue des
attraits d'une brillante mise en scène, et par
suite peu fréquentée par les visiteurs, ne présente pas le même intérêt et ne pouvait
avoir le même succès.

II

L'abbaye de Saint-Hubert.
Les Ardennes

Dans une ville comme la notre, tout le monde aurait dû faire un pèlerinage au tombeau du grand saint Hubert, le patron des chasseurs, mais je crains bien, moi, qui en suis encore à me reprocher la mort de mon premier lapin, d'avoir été peut-être le seul à m'acquitter de ce devoir.

Je dois reconnaître qu'en allant dans ce coin reculé des Ardennes, dans cette bourgade du Luxembourg belge, j'étais plus attiré par l'envie de voir une église réputée par son architecture que par le désir d'aller vénérer les reliques du saint évêque de Liège qui jouit du privilère de conjurer les terribles effets de la rage Il n'a pas cessé de faire concurrence à l'illustre Pasteur, et continue encore à attirer chaque jour de nombreux pèlerins qui, s'ils ne viennent plus se faire incruster dans le front un fil de l'étole du saint, n'en affluent pas moins toute l'année dans la petite ville qui vit naître le peintre des roses, Redouté, dont le buste surmonte une fontaine élevée en face de l'Hôtel-de-Ville.

Il ne faut guère moins de quatre heures, en partant de Bruxelles, pour arriver, en traversant les pittoresques forêts de l'Ardenne, jusqu'à la petite station de Poix où un tram à vapeur vous prend et vous fait rapidement franchir les sept kilomètres qui vous conduisent au bas de la petite ville de Saint-Hubert.

Il y a à Bruxelles un avocat aussi connu par ses démonstrations politiques et ses plaidoiries en favour des socialistes, que par son esprit original, mais dont tout le monde apprécie le talent littéraire, et qui a donné au *Figaro* le récit d'un voyage au Maroc où il avait, en robe et en toque, accompagné à cheval le ministre de Belgique à une audience du Sultan. M. Edmond Picard, nous venons de le nommer, a, il y a une dizaine d'années, décrit la route de Poix à Saint-Hubert et nous ne pouvons mieux faire que de lui emprunter ce passage :

« Quand on descend à Poix et que franchissant la Lonne, qui arrive de Bras et coule rapidement sur Mirwart, on s'engage dans une vallée latérale qui remonte vers Saint-Hubert, on peut, durant les premiers kilomètres, si le temps est beau, avoir l'illusion qu'on chemine dans une région clémente. Les feuillages et les prés ponctués de colchiques d'un lilas tendre, sont pleins de fraîcheur ; l'Eau-Noire, peuplée de truites, longe la route et serpente entre des rives basses. Mais bientôt les arbres s'espacent, la prairie devient marécageuse, au haut des versants apparaissent les premières franges de la bruyère, et, quand, au bout de la vallée, tout à coup, au-dessus des toits d'une ancienne abbaye, surgissent imposantes les deux tours de la large façade de la basilique placée sous l'invocation du patron des chasseurs, la nature ardennaise a repris son vêtement monacal.

« On arrive, par une route sur les côtés de laquelle s'alignent de hauts peupliers du Canada, et qui s'achève par une montée étroite, sinueuse, fortement parfumée par les relents d'une tannerie voisine, débouchant droit sur le parvis de l'église (*Les hauts plateaux de l'Ardenne*). »

Avant de décrire l'église dans laquelle sont déposées les reliques du saint, peut-être ne serait-il pas hors de propos de rappeler en quelques mots les principaux événements de sa vie. C'est ce que nous ferons en reproduisant une notice publiée par M. Varenbergh dans la *Revue belge et étrangère* (1860) et en la complétant par quelques détails empruntés à des dictionnaires hagiograghiques.

« Au VII° siècle, le duc Bertrand régnait eu Aquitaine ; descendant de Clovis, il avait épousé Huberne, sœur de sainte Ode, de sang royal comme lui ; ils eurent un fils Hubert, qui devint plus tard l'apôtre des Ardennes.

« Au sortir de l'enfance, le jeune homme fut envoyé à la cour du roi de Neustrie ; mais l'inimitié qui s'éleva entre lui et le maire du palais, Ebroïn, le força à s'éloigner. Il se rendit en Austrasie auprès de Pépin, son parent, qui habitait le pays de Liége. Celui-ci le reçut fort bien, l'investit de plusieurs dignités, et lui fit épouser Floribane, fille du comte de Louvain. Hubert, néanmoins, ne s'estimait pas heureux ; la mélancolie s'empara de lui et l'éloigna de la cour ; son unique délassement était la chasse. Un jour qu'il poursuivait un cerf — on ajoute généralement que c'était un vendredi-saint et qu'au lieu de se rendre à l'église, il avait continué à se livrer à son plaisir favori — il s'égara ; une force invisible l'avait poussé en avant. Il était sur le point de s'emparer de l'animal, quand celui-ci se retourna et montra à Hubert étonné un crucifix lumineux placé entre ses bois. A cette vue, le prince tombe à genoux ; alors une voix céleste se fait entendre, qui appelle Hubert à une haute mission. Nouveau saint Paul, la grâce descend soudainement sur lui. Il se relève changé, et retrouve miraculeusement sa route ; il court se jeter aux pieds de saint Lambert, évêque de Maestricht, qui l'encourage et le soutient. Sur ces entrefaites, Hubert, ayant perdu son père et sa femme, distribua ses biens aux pauvres et se retira en Ardenne. Il y vivait depuis quelques années dans la solitude,

quand Dieu, par la voix d'un ange, lui ordonna
d'aller à Rome. Hubert partit, à pied, le bour-
don à la main. La nuit de son arrivée, le pape
eut une vision, qui lui apprit l'assassinat de
saint Lambert par Dodon, le père d'Alpaïde,
concubine de Pépin ; Dieu lui fit aussi comprendre que le successeur de saint Lambert
venait d'arriver dans la ville éternelle, et que
ce serait le premier pèlerin qu'il verrait à la
porte de l'église Saint-Pierre. Le lendemain
quand le Pape se rend à l'église, il voit le
pèlerin, qui n'était autre qu'Hubert : il le
prend par la main, lui annonce les desseins
de Dieu, et lui ordonne de se préparer à
recevoir l'onction sacrée. Hubert repousse cet
honneur ; mais deux anges apparaissent et le
revêtent des habits sacerdotaux : alors Hubert
se soumet à la volonté divine.

« Après son sacre il retourna dans les
Ardennes, et s'établit à Liège qu'il agrandit et
où il construisit la cathédrale dédiée à saint
Lambert. Il mourut en 728 ; ses restes repo-
sèrent d'abord à Liège dans l'église Saint-
Pierre, qu'il avait choisie pour sa sépulture ;
un siècle plus tard, ce précieux dépôt fut
transféré à l'abbaye d'Andain, qui prit le
nom de Saint-Hubert. »

L'abbaye avait été fondée en 687 par saint
Bérégise ; puis restaurée en 816, par Walcand,
évêque de Liège. Fortifiée par l'abbé Frédéric
dans la crainte d'une invasion des Normands,
elle fut reconstruite une première fois vers
1050. Détruite par un incendie en 1525, elle
fut réédifiée quelques années plus tard par
l'abbé Malaise et c'est de cette époque que
date l'église actuelle.

La révolution française supprima l'abbaye
de Saint-Hubert qui fut vendue comme bien
national et depuis cette époque subit de nombreuses transformations jusqu'en 1840 où le
gouvernement belge y établit le pénitentiaire
qui subsiste encore.

L'abbaye de Saint-Hubert avait une importance considérable; au XVIIIe siècle, ses abbés, pour se faire bien voir du roi de France lui envoyaient chaque année quelques couples de faucons pour la chasse et j'ai pu, grâce à la complaisance de M. le docteur Ruppert, conseiller d'Etat, secrétaire du gouvernement, consulter, il y a quelques années aux archives grand-ducales de Luxembourg un certain nombre de lettres dans lesquelles Louis XV remerciait l'abbé de ses présents, qu'il ne manquait jamais de se faire montrer, en même temps qu'il gratifiait d'un cadeau l'envoyé de l'abbaye.

Ces envois d'oiseaux n'étaient pas, du reste, les seuls que reçut le roi de France et chaque année le roi de Danemark, en reconnaissance de l'appui et des subsides qu'il recevait, envoyait a Versailles, six couples de gerfaux dressés que ce prince ne laissait pas d'aller voir à leur arrivée dans sa fauconnerie. A la même époque le roi de Naples recevait aussi de la république de Raguse des envois d'animaux, mais c'étaient habituellement des tigres. — Les petits cadeaux entretiennent l'amitié et sous la Restauration le pacha d'Egypte envoya à Charles X une girafe dont l'arrivée fit événement. Elle fut lithographiée, chansonnée et finalement conduite au Jardin des Plantes.

Dès l'abord, on sent que la ville vit surtout des pèlerins; à chaque porte on voit des étalages d'images, de médailles, de bijoux en forme de clés et de primitifs estampages, qui, au centre d'un cor de chasse, vous montrent le saint agenouillé devant le cerf miraculeux, dont un crucifix sépare les bois. Comme dans les autres centres de pèlerinage en Belgique, et notamment à Notre-Dame de Hal et à Tongres, on offre des *ex-voto*, les uns en argent, d'autres plus modestes, en cire, qui représentent les parties du corps, dont on vient cher-

cher la guérison, des bustes, des bras, des
jambes, des oreilles et même des rateliers
complets; et comme on y invoque aussi la
Vierge et les saints pour les animaux domes-
tiques, parmi ces *ex-voto*, on voit aussi figurer
des chevaux, des bœufs et même des petits
cochons.

Dans le fond de la boutique, on vend du
café au lait, des pistolets g rnis de viande et
de fromage, de la bière et des boissons
variées. Parfois un barbier se tient en outre
le rasoir à la main comme nous l'avons vu
ailleurs, depuis Namur jusqu'à Arlon ; on
boit un verre de Pecquay, en attendant son
tour et parfois même on peut faire sa partie
de billard ; aussi, pas un moment n'est-il
perdu.

L'église qui appartient à la dernière période
du style gothique (1530-1538) est plus remarquable par ses dimensions et l'élévation de ses
voûtes (93 mètres de longueur sur 34 de largeur et 28 mètres de hauteur, dans la nef
principale), que par les détails de son ornementation en général d'une lourdeur exagérée
et qu'un badigeon au lait de chaux achève de
défigurer. Le chœur est remarquable par ses
proportions extraordinaires et s'avance même,
au-delà du transept, du reste à peine indiqué.
A l'entrée deux autels immenses du dix-septième siècle, chargés d'une lourde et riche
décoration de marbres polychromes sont consacrés à la Vierge et à sainte Barbe, dont on
voit la statue entourée des bourreaux qui s'ap-
prêtent à lui couper les seins. L'autel principal, dans le même style, est encore plus orné
et s'élève presque jusqu'à la voûte. Le chœur
est entièrement lambrissé de chêne et les
hautes stalles sont surmontées d'une suite de
sujets représentants d'un côté la vie de saint
Hubert et de l'autre celle de saint Benoit. Ces
sculptures du xviie siècle, que surmontent des
sujets de chasse, ont un véritable caractère

artistique. Sous la partie du chœur où se
trouve l'autel est une crypte où, suivant la tradition, aurait été déposé le corps de saint Hubert après la restauration de l'abbaye en 825.
Nous ne mentionnerons que pour mémoire le
tombeau monumental consacré au saint patron par le roi Léopold Ier et exécuté par un
sculpteur renommé, Geefs. Cette œuvre, sur-
chargée de statues, de groupes et de bas-re-
liefs et que surmonte la statue du saint cou-
ché, revêtu de ses ornements épiscopaux,
manque absolument du caractère que l'on
aimerait à lui voir, mais elle ferait bon effet
dans la cathédrale de Malines pour recouvrir
les cendres d'un des archevêques morts depuis
un demi-siècle.

L'église de Saint-Hubert est presque entièrement dépourvue d'objets d'arts, un petit
nombre de ses fenêtres est garni de verrières
historiées et nous ne voyons guère à signaler
que quelques belles pierres tombales et une
série de vingt-quatre émaux de Limoges représentant la vie du Christ, placée sur l'autel
du Sacré-Cœur et qui, grâce à la négligence
des sacristains, a été en partie calcinée par
les cierges qui y ont été allumés.

L'église de Saint-Hubert était, il y a quelques années en très mauvais état. Sa restauration a été heureusement entreprise et c'est
presque une reconstruction, à en juger par
les parties conservées, telles qu'un portail la-
téral qui est une véritable ruine. Malheureusement, comme il est arrivé, il y a deux
siècles, dans un grand nombre d'églises abba-
tiales, riches comme celle de Saint-Hubert, la
munificence des abbés s'était appliquée à rajeunir le vieil édifice qui avait sans doute le
malheur d'être gothique et on a affublé son
portail d'une façade monumentale de style
italien, flanquée de deux tours massives et
sans autre ornement que le gigantesque écusson d'un abbé, entouré de ses attributs multi-

ples et où l'épée, symbole de la justice terrestre, fait pendant à la crosse, emblème de
la juridiction spirituelle. Mais, telle qu'elle
est, l'église de Saint-Hubert vaut bien une visite, et si les chasseurs délaissent leur patron,
les archéologues iront étudier le vieux sanctuaire.

A gauche de l'église, dans les bâtiments de
l'abbaye qui forment un fer à cheval et dont
les frontons sculptés sont également décorés
d'emblèmes armoriés, le gouvernement belge
a établi une maison de correction pour les
jeunes détenus, à laquelle on a, par un bienveillant euphémisme, donné le titre d' « École
de bienfaisance de l'Etat ». En lisant les affiches placées à la porte et annonçant la vente
des déchets de bois, j'ai appris que l'éducation donnée à ces intéressants jeunes gens
dont le nombre est de près de cinq cents avait
pour objet d'en faire des ouvriers d'état, ser-
ruriers, menuisiers et surtout sabotiers.

La ville est de peu d'importance, une longue
rue qui, du tramway conduit à l'église et où
presque toutes les maisons sont occupées par
des marchands d'objets pieux et des cabare-
tiers, et à droite une place au fond de laquelle
s'élève un Hôtel de Ville à colonnes, devant
lequel est élevé, nous l'avons dit, le buste de
Redouté. Deux hôtels de modeste apparence
complètent l'aspect de cette petite ville de trois
mille âmes, où, notre visite terminée, nous
trouvons cependant à souper convenablement
au milieu d'habitués qui ne tardent pas à nous
mettre au courant des nouvelles du jour : le
changement du garde-général, le mariage de
la nièce du patron qui nous sert et qui, pour
annoncer cette nouvelle, demande à un professeur de l'Ecole moyenne de lui rapporter du
beau papier parcheminé, comme elle en a vu
à Libramont, le prix des pommes de terre ;
mais, si saint Hubert est le protecteur des
chasseurs et des chiens, il doit être tout au-

tant l'ami des mouches, car c'est par centaines qu'elles viennent reluquer les reliefs de notre festin.

C'est à M. Picard, que nous emprunterons encore ce portrait du paysan de Saint-Hubert et des environs :

« La population ardennaise, par son caractère et par ses mœurs, justifie cette vérité que c'est là où la vie est plus dure, sans tomber dans la misère, que les cœurs sont les plus forts. Elle est sobre, laborieuse, économe, désireuse de s'instruire ; c'est elle dont les miliciens donnent la proportion la plus forte d'hommes sachant lire et écrire. Ceux de ses enfants qui vont tenter la fortune ailleurs réussissent presque toujours, grâce à une persévérance calme et honnête, trop mélangée peut-être de calcul et qu'on souhaiterait plus haute de pensée ; mais la faute en est-elle à eux ou au milieu national lui-même ? L'ardennais est grand, sec, osseux, brun, le visage grave ; la femme souvent sans embonpoint, maigre nourricière venue sur cette terre sans sucs. Les campagnards, vêtus du sarreau bleu et cachant à demi sous un chapeau bas et noir leur visage sans barbe, y parlent, avec des intonations traînantes, un patois wallon qui dérive de la basse latinité par laquelle la langue indigène fut insensiblement remplacée après la conquête... »

Ajoutons que l'habitant du Luxembourg belge est religieux ; le dimanche matin, les hommes sont très nombreux dans la petite paroisse du château à Arlon où nous assistons à la messe. Ils sont aussi gouvernementaux et avant tout budgétivores. Comme les Corses chez nous, les Luxembourgeois occupent de nombreuses fonctions dans l'armée et les différentes administrations. Dans la gendarmerie, les douanes, les contributions, la plupart des postes inférieurs sont occupés par eux ; mais il n'est pas rare de les voir s'élever à des situations élevées qu'ils savent occuper dignement. Inutile d'ajouter que la députation de cette province est toujours ministérielle.

Nous avons encore le temps d'aller coucher à Arlon, le chef-lieu de la province du Luxembourg belge, après avoir acheté médailles, figurines et clés et nous ne regrettons pas la nuit que nous aurions pu passer à Saint-Hubert; et pourtant que nos concitoyens nous imitent, même ceux qui ne sont pas les disciples de Nemrod et ils ne regretteront pas d'avoir fait connaissance avec l'une des parties les plus pittoresques de la Belgique.

L'Ardenne belge est du reste depuis plusieurs années, ainsi que le Grand-Duché de Luxembourg, le but de nombreuses excursions. On vient s'y installer pour quelques jours, parcourir les forêts de sapins qui s'étendent à perte de vue et taquiner le barbeau et la truite le long des nombreux ruisseaux qui sillonnent les campagnes. La vie, enfin, y est à bon compte. Aussi, qui sait si, l'an prochain, nous ne proposerons pas, à nos amis de Compiègne, une excursion en Ardenne et en Luxembourg; on partirait par Reims, Sedan, Chimay, Bouillon, Arlon, on verrait Luxembourg et Saint-Hubert et on trouverait le moyen de visiter, au retour, les grottes de Han et le musée de Namur. On descendrait la Meuse, mais on aurait soin d'éviter les cercles internationaux dans lesquels on s'efforce de faire revivre les traditions du trente-et-quarante et de la roulette, jeux proscrits aujourd'hui de l'établissement officiel de Spa, mais que certains spéculateurs rêvent de réinstaller dans quelque vieux château inhabité dans la province de Liège, dépendant du domaine royal et que la Liste civile serait à la veille de louer comme « établissement de bains de mer. »

III

Du Luxembourg dans les Flandres

En traçant un projet d'excursion à la fin de mon dernier article, je n'ai pas eu plus la prétention de faire concurrence à l'Agence des voyages économiques et à ses émules que le désir de rivaliser avec Joanne, Baedeker, Murray et les autres auteurs de guides. Du reste, on a pu le voir dans les lignes qui précédent, j'ai une manière de voyager un peu trop fantaisiste pour la donner en exemple et dans ce dernier article, sans plus m'astreindre à suivre un itinéraire, je tâcherai d'indiquer les points nouveaux qui m'ont frappé dans mon dernier voyage.

Profitons donc de ce que nous sommes à Arlon pour sortir de Belgique et aller jeter un coup d'œil sur le Grand-duché. Je n'avais pas vu Luxembourg depuis dix-huit ans et c'était au moment où on achevait de démolir cet ensemble gigantesque de fortifications qui, pendant longtemps et, jusqu'à la neutralisation décidée par le traité de Londres en 1867, fit de Luxembourg l'une des places les plus formidables de l'Europe. En 1877, la mine faisait encore son œuvre, on voyait à chaque moment sauter quelque redoute, éclater quelque casemate. Aujourd'hui, toute cette œuvre de destruction est achevée, mais on a su ménager dans toute l'enceinte des restes des plus anciennes parties des fortifications et mêlés à la végétation qui peut se développer sans avoir à craindre la hache du génie, ils forment un ensemble des plus pittoresques, qu'il faut voir, car il est difficile à décrire. Du chemin de fer un tramway vous amène par un long boulevard neuf au pont-viaduc et de là traverse les principales rues de la ville.

Sur les anciens fossés de l'enceinte intérieure, on a planté un parc qui entoure la ville d'une véritable ceinture et au-delà s'élèvent de toutes parts d'élégantes villas, que domine la fondation Pescatore, asile de vieillards dû à la générosité d'un enfant du pays qui n'a pas borné à cette œuvre ses libéralités. Il a en outre donné à la ville de Luxembourg un certain nombre de tableaux de valeur, œuvres de maîtres anciens et toiles de premier ordre des peintres français du milieu de ce siècle, Delaroche, Decamps, Delacroix, Meissonnier, etc.; malheureusement, là, plus encore qu'ailleurs, on remarque la déplorable qualité des couleurs employées par les peintres de cette époque qui finit par étendre sur leurs œuvres une nuance brune et grise qui en détruit les effets lumineux et en fait disparaître les modelés.

Les monuments historiques de Luxembourg sont peu nombreux et on ne peut guère citer que le palais grand-ducal, reconstruit par Mansfeld au xvii° siècle, que l'on est en train de doubler afin d'en faire une résidence convenable pour le souverain actuel ; et la cathédrale de Notre-Dame, dont le portail est chargé d'une lourde décoration du commencement du xvii° siècle et qui renferme, sous un sépulcre de Notre-Seigneur avec de nombreux personnages, les restes de Jean l'Aveugle, roi de Bohême et duc de Luxembourg, tué dans les rangs français à la bataille de Crécy en 1346.

Placé depuis 1815 sous la souveraineté des rois des Pays-Bas, mais resté complètement indépendant, le Luxembourg a fait, depuis la mort de Guillaume III, retour à la branche mâle de la maison de Nassau et c'est aujourd'hui le grand-duc Adolphe, souverain dépossédé de Nassau, qui règne sur le Luxembourg.

Les Luxembourgeois ont en général une

grande sympathie pour la France et leur souverain ne paraît répondre que faiblement aux
avances que lui fait l'empereur d'Allemagne
pour l'englober dans les Etats de l'empire.
Ainsi qu'il l'a dit, en rappelant dans un toast
le refrain du chant national du Feïerwôn (le
char du feu),

Nous voulons rester ce que nous sommes.

Singulier pays, du reste, que cet état de
250.000 habitants environ, d'une superficie de
279.000 hectares, c'est-à-dire de la grandeur
moyenne d'un département français, limité
par l'Allemagne et la Belgique et touchant encore par un coin au territoire français, dont
la langue officielle est le français, soumis à un
régime constitutionnel et ayant pour représentation nationale une chambre de 44 dé-
putés.

Après 1795, le Luxembourg avait pris le
nom de département *des Forêts*. On ajoute que,
se souvenant de la résistance qu'ils y avaient
rencontrée, nos compatriotes l'avaient qualifié de « pays des loups ». Mais, malgré ce
surnom disgracieux, lisons-nous dans un ouvrage du docteur Glœsener, le pays des loups
n'est pas dénué de charmes pittoresques. De
beaux cours d'eau bordés de grasses prairies
le sillonnent en tous sens ; des montagnes aux
profils variés forment de riantes vallées ; les
cimes sont couvertes de forêts ombreuses et
verdoyantes ; les rochers abrupts, les cascades
étincelantes et sonores, les noirs débris de
manoirs féodaux fournissent une foule de
points de vue charmants et poétiques.

Les uns ont comparé le Luxembourg à la
Suisse, à l'Ecosse, d'autres aux bords du Rhin.
Cette dernière appréciation nous semblerait
plutôt se rapprocher de la vérité et pourtant
nous sommes tenté de répéter avec le vieux
chant national

« Nous sommes et nous voulons rester ce que nous sommes. »

A Luxembourg, les habitations particulières sont luxueuses et élégantes, surtout celles qui y ont été construites dans les dernières années ; les magasins nombreux et bien approvisionnés ; le système décimal est employé dans les comptes ; on parle de francs et de centimes, mais on paie en marks et en pfennings, la seule monnaie du pays étant de cuivre et valant d'un centime à deux sous. En revanche, la série des timbres-poste est des plus riches et fait le bonheur des philatèles.

De nombreux châteaux s'élèvent dans le grand-duché ; les plus remarquables sont ceux de Vianden, de Colmar-Berg, de Neysembourg, de Beaufort et de la Rochette. Parmi les villes une seule offre quelque intérêt, c'est Echternach, dont l'église abbatiale de Saint-Willibrord mérite l'attention des archéologues. Ceux qui s'intéressent aux anciens usages doivent s'y rendre le mardi de la Pentecôte où a lieu ce qu'on appelle « la procession dansante ». Afin d'honorer la mémoire de saint Willibrord, apôtre des Frisons et fondateur de l'abbaye, les nombreux pèlerins, qui viennent de toutes les parties du pays, après avoir assisté à la messe et entendu un sermon en plein air, se forment en procession et, guidés par les chœurs et les morceaux de musique instrumentale, s'avancent et reculent en faisant trois pas ou sauts en avant et un en arrière, ou cinq en avant et deux en arrière.

« La danse, en effet, écrit un ecclésiastique, n'a rien d'extravagant ; elle n'est accompagnée d'aucun geste particulier et indécent ; les pèlerins sont modestes, sérieux, séparés dans les rangs suivant les sexes ; au lieu de marcher comme dans les processions ordinaires, ils sautent en avant et alternent par intervalle d'un ou de deux pas en arrière... »

C'est en sautant et dansant ainsi qu'ils montent le large escalier de 64 degrés qui conduit à l'église, et, dans le sanctuaire, la danse continue ; on danse autour du tombeau du saint et c'est en dansant encore que l'on sort de l'église pour faire trois fois le tour de la croix qui se trouve au cimetière.

La pieuse danse est alors finie, le vœu est accompli. Les pèlerins font ainsi 1250 mètres et cela dans un espace de deux heures, Je n'ai pu me trouver à Echternach le jour de la procession, et après avoir vu les Semaines Saintes de Rome, de Jérusalem et de Séville, ainsi que la Passion d'Ober-Ommergau, je désire vivement compléter cette série d'impressions en allant voir aussi un jour ce vieux reste des usages du moyen âge, comme au fond des Flandres la célèbre procession de Furnes, qui a lieu le dernier dimanche de juillet et à laquelle prend part la population des environs représentant avec les costumes, la Passion et les principales scènes de la vie de Notre-Seigneur.

Puisque je me trouve ramené ainsi en Flandre, laissons de côté Bruges-la-Morte, qui, si le projet formé par le baron de Maere et recemment adopté par les Chambres se réalise, sera bientôt Bruges-Port-de-Mer et verra revenir son ancienne splendeur au détriment d'Anvers, dont les habitants ne semblent pas craindre beaucoup du reste cette concurrence et allons à Gand.

Trois villes en Belgique, Gand, Anvers et Bruxelles se partagent l'honneur de donner annuellement asile aux productions artistiques de la Belgique et des autres pays, Organisées au mois d'août, après la fermeture des salons de Paris et de l'Allemagne les expositions triennales jouissent d'une certaine réputation et les peintres les plus distingués se font en général un honneur d'y envoyer quelques-unes de leurs œuvres, Cette année, l'exposition est, par suite de je ne sais quelles circonstances, bien au-dessous de la moyenne habituelle et c'est faire une course inutile que d'aller visiter les bâtiments de la Société d'horticulture qui l'abritent.

Toutefois, nous ne quitterons pas Gand avant d'aller voir le château des Comtes, dont le dégagement et la restauration font depuis plusieurs années le sujet des préoccupations de l'édilité gantoise et des architectes et des archéologues flamands.

Elevé au centre de la ville, le château des Comtes remonte dans certaines parties au neuvième siècle, mais sa masse est du douzième et de nombreuses adjonctions y ont été faites depuis cette époque. Enfin, depuis près d'un siècle, on avait établi dans l'intérieur des usines qui ont encore contribué à en dénaturer le caractère. Grâce à d'importants sacrifices, la ville a acheté le château et les maisons qui l'entouraient. Aujourd'hui l'enceinte est dégagée, on relève le reste de ses murailles, mais faut-il, en l'absence de documents suffisants, tenter une restauration complète comme on l'a fait à Pierrefonds, ou doit-on se borner à conserver et à consolider toutes les parties anciennes.

Telle est la question qui, au Conseil communal, comme au Cercle archéologique, alimente depuis plusieurs années la plupart des séances. La question est délicate et j'aime mieux réserver mon opinion, tout en me demandant l'effet que fera au milieu d'une ville cet ensemble de murs dégradés, en partie recouverts d'une fumée qui n'a eu rien à voir avec celle de l'artillerie.

Aussi, passons et gagnons Anvers, où, avant d'assister à une séance publique de l'Académie d'Archéologie de Belgique, nous aurons le temps d'aller au musée voir le triptyque de Najera qui vient d'être acheté pour la somme considérable de 240,000 francs.

C'est un ensemble de trois panneaux de 1 m. 70 de hauteur et d'une longueur totale de près de sept mètres, représentant le triomphe du Christ. Jésus, couronné, revêtu d'une chasuble, a la main gauche appuyée sur le globe du monde, tandis qu'il bénit de la droite. Il est entouré d'un chœur de seize anges, vus à mi-corps, sortant comme lui d'un nuage, les uns chantant, les autres jouant des différents instruments de musique en usage à la fin du XVe siècle, psaltérion, monocorde, luth, viole, harpe, orgue portatif, trompettes et flute.

Cet ensemble a-t-il servi de retable à un autel ou de volets à un orgue, c'est là une question secondaire. Le nom de l'auteur est plus important, des critiques compétents inclinent à y voir un œuvre d'Hans Memling, le célèbre auteur de la chasse de Sainte-Ursule et des peintures de l'hôpital de Bruges et font remarquer l'analogie, je dirai presque la ressemblance complète qui existe entre les figures de quelques-uns des personnages et celles des anges qui, sur les rampants de la chasse de Sainte Ursule, jouent des mêmes instruments.

Quel que soit le nom de l'auteur du triptyque longtemps perdu dans une petite église de la Vieille-Castille, l'œuvre dont vient de s'enrichir le musée d'Anvers est de celles qui méritent d'occuper un des premiers rangs dans les productions des maîtres flamands du moyen-âge.

Il m'aurait été agréable de m'arrêter à Liège, en venant de déjeuner à Pépinster, dans le pittoresque château des Masures, mais il tombait des flots d'une pluie noire comme de l'encre et cependant il y avait une Kermesse, la plus brillante peut-être de toutes celles que j'ai vues en Belgique depuis vingt-cinq ans. Le long des quais et du boulevard de la Sauvenière, sur plus de trois kilomètres, ce n'é-

taient que saltimbanques et phénomènes, théâtres et manèges, fritures et pâtisseries, tirs et
loteries, hélas, pas moyen même de s'arrêter
sous son parapluie devant ces rôtisseurs et ces
charcutiers, pour lesquels semble avoir été
fait le vieux dicton lorrain : Si le cochon
avait des ailes, il n'y aurait pas de meilleure
volaille que lui.

J'aurais bien pu parler encore de l'accident
de chemin de fer d'Ottignies, dans lequel j'ai
failli me trouver et où il y a eu vingt morts et
une centaine de blessés, mais, depuis qu'on a
vu une locomotive descendre de la gare Mont-
parnasse sur la place de Rennes, c'est devenu
de l'histoire ancienne et si j'en recherchais
les causes, on pourrait m'accuser de faire de
la politique, ce qui a toujours été aux antipo-
des de mes idées.

Mes notes de voyage sont à peu près épui-
sées et je me demande si ces souvenirs trop
personnels auront pu offrir quelque intérêt à
mes lecteurs. En tout cas, je m'arrêterai ici,
la pluie, d'ailleurs, a rendu dans les derniers
jours bien maussades quelques-unes de mes
excursions malgré le charme que j'éprouvais
à retrouver des amis dans presque chaque
ville et à manger de la cuisine belge, qui
vaut bien la notre. Je n'en dirai pas autant
toutefois, sauf de rares exceptions, de la cuisine hollandaise. Comme je trouve insuppor-
table de manger dans un grand hôtel, à table
d'hôte, un dîner uniformément composé et
servi par des suisses polyglottes, à l'habit noir
et à la cravate irréprochable, de Stockholm au
Caire et de Lisbonne à Pesth, j'ai essayé des
restaurants nationaux. C'est généralement
médiocre, et de plus c'est bizarre, que l'on en
juge par le menu suivant que je retrouve sur
un de mes carnets et que je complète pour le
rendre intelligible ;

MENU

Potage portugais (aux tomates)
Canapé de rognons (boulette hachée et pannée
frite dans la poële)
Sole aux fines herbes, avec petites carottes
et pommes de terre
Filet sauté nature, avec haricots princesse
à la muscade et pommes paille
Fricandeau de veau à la sauce tomate
avec petit gateau feuilleté et chou-rouge
Demi pigeon roti, avec rotie et compôte de
pommes à l'orange et à la semoule
Glace à la vanille avec biscuits
Fromage de Hollande avec beurre et pain
à la grecque
Fruits et Massepains

Après, tout cela vaut bien le saumon glacé,
le bœuf déguisé en filet et le poulet roti à
quatre cuisses des grands hôtels.

X

SOUVENIRS MILITAIRES

Les grands artilleurs

I

Depuis quelques années, tout est à Napoléon et au premier empire: œuvres historiques et littéraires, pièces de théâtre, mobilier et costumes.

Après avoir eu un véritable fanatisme pour l'époque de Louis XVI, cherché à pénétrer la vie du dernier roi de France et discuté les appréciations auxquelles pouvait donner lieu sa conduite comme homme public et comme souverain ; après s'être attaché à connaître jusque dans les moindres détails l'existence de l'infortunée Marie-Antoinette et avoir tenté, dans de nombreuses expositions, de ressusciter la vie de la cour de Versailles et de celle de Trianon, le sujet a paru épuisé.

On a essayé de faire le même travail pour la période révolutionnaire, mais si le sujet est vaste, il ne cesse de donner lieu à des discussions et à des critiques, chacun ne voulant juger les choses que d'après ses idées préconçues ou ses préjugés de famille, et puis au point de vue de l'art, du mobilier et des coutumes, la matière est assez pauvre. Les toiles de David avec ses personnages drapés à la

romaine, les meubles droits, raides et d'un
style imité de l'antique, les costume préten-
tieux enfin dont s'affublaient les personnages
politiques, depuis les chapeaux empanachés
des représentants du peuple jusqu'aux toges
aux couleurs criardes et aux ornements ridicules des directeurs et des membres des deux
conseils, tout cela a bien vite fatigué les cher-
cheurs.

L'attention s'est alors portée sur le premier
empire que l'on croyait pourtant mis pour
longtemps à l'écart.

Une exposition historique militaire de la
Révolution et de l'Empire, mais qui, à l'exception de quelques souvenirs de Lazare
Carnot, comprenait sutout des reliques de
l'époque impériale, a eu tout cet été une vogue
inépuisable et cependant, si le local l'avait
permis, des envois nombreux, que les organisateurs durent refuser faute de place, seraient
venus tripler ou quadrupler l'intérêt de
l'exposition.

En même temps que Sardou, dans *Madame
Sans-Gêne*, nous montrait dans leurs cadres
une suite de tableaux dans lesquels le soin de
la mise en scène et l'exactitude des costumes
faisait excuser la pauvreté de l'intrigue, trois
ou quatre autres théâtres de Paris donnaient
en même temps des pièces qui avaient pour
sujet des épisodes de l'épopée impériale.

De même, on voit de toute part surgir des
mémoires militaires principalement et qui
tendraient à nous faire croire que, depuis le
général en chef jusqu'au dernier tambour, chaque soldat de l'Empire était doublé d'un
annaliste. C'est Marbot avec ses récits héroïques et ses anecdotes, le général Thiébaut, le
commandant Parquin, dont on réédite, avec
un grand luxe d'illustrations, les fanfaron-
nades et les histoires d'amour; ce sont les
cahiers de Cogniet, ce capitaine de la vieille
garde qui mourut dans la peau d'un épicier,

les souvenirs du duc d'Eckhmul, mis en ordre
par sa fille et enfin ceux du maréchal de Castel-
lane. J'en passe assurément, mais je n'ai pas
eu l'intention de donner un relevé de ces
publications, je veux seulement indiquer la
tendance d'esprit qui nous porte à ces recherches. Tous ces mémoires n'ont pas la même
valeur et et on ne peut s'en étonner; tout le
monde n'est pas né écrivain et, d'autre part,
il arrive souvent que ceux qui ont été témoins
d'une bataille ou qui y ont pris part, sont
ceux qui sont les moins à même d'en rendre
compte et de les juger. Ils disent ce qu'ils ont
vu, au point où ils se trouvaient et souvent
n'ont vu que cela. Et puis, il y en a dont la
concision fort louable à coup sûr, rend impossible la lecture de leurs agendas qui ne
peuvent être utilisés que pour contrôler des
notes. Tel est par exemple le chef de brigade
Chermont, dont la société de Douai vient de
publier les éphémérides de 1793 à 1800. On y
lit (je passe les dates) — « J'ai été en fiacre à
Erchin ; arrivée des hirondelles ; conseil de
guerre pour l'inondation et les eaux deman-
dées à Lille. — On a guillotiné un émigré que
je ne vis pas. — La sentinelle de la porte m'a
pris ma canne. — On me rapporta ma canne.
— L'on apprit la prise de Mons et d'Ostende.
— Fête pour débaptiser la rue de Mirabeau
en celle de Marat, etc.

Malgré l'exactitude des indications de Chermont on trouvera son récit par trop sec et les préoccupations qu'il a de sa canne semblent peu
en rapports avec les évènements auxquels il se
trouvait mêlé. Heureusement à côté des mémoires do « nous venons de parler et qui surgissent en quelque sorte spontanément, comme
s'il était nécessaire de livrer à l'imprimerie
tous les chiffons de papiers écrits et jusqu'aux
comptes de cuisinière de certains personnages, il y a encore des historiens qui savent
utiliser les documents divers qu'ils peuvent

réunir, fouillent les archives publiques et les papiers de famille et, utilisant le tout avec une saine critique, font ressortir les divers côtés d'un fait historique ou les épisodes de la vie d'un personnage.

II

Tel est notamment le livre dont je voudrais parler aujourd'hui et qui, dans la biographie de quatre officiers généraux de l'arme de l'artillerie : les deux Senarmont, Drouot et Eblé, nous retrace en quelque sorte, l'histoire de cette arme pendant près d'un siècle, du milieu du règne de Louis XV à la monarchie de Juillet.

L'ouvrage est d'un officier d'artillerie, M. Maurice Girod de l'Ain, alors capitaine et depuis peu nommé chef d'escadrons, le plus jeune aujourd'hui, croyons-nous, dans son arme.

III

Deux officiers du nom d'Hureau de Senarmont, le père et le fils, parvinrent dans le corps de l'artillerie au grade d'officier général, et alors qu'Alexandre-François, ne à Chartres en 1732, mourait en 1805, après avoir commandé en chef l'artillerie de l'armée du Rhin, son fils Alexandre-Antoine (né en 1769) était à la veille de recevoir les étoiles de général de brigade, qu'il devait échanger pendant la guerre d'Espagne contre celles de division-

naire à la suite de la prise de Madrid en 1808.
Commandant en chef de l'artillerie en Espagne,
le second des Senarmont fut tué en 1810 en
dirigeant les opérations du siège de Cadix. Le
maréchal Soult disait de lui qu'il était l'homme
le plus complet qu'il ait jamais rencontré, et
on ajoute qu'au moment où il faisait entrer en
ligne la grande batterie de Wagram, Napoléon
s'écriait : « Ah, si j'avais Senarmont ! »

Avec le premier des Senarmont, M. Girod de
l'Ain nous fait connaître l'organisation de l'artillerie sous la monarchie et nous montre particulièrement le fonctionnement des corps de
cette arme dans les campagnes d'outre-mer
et notamment dans les guerres des Indes.
Avec lui aussi nous assistons à la réorganisation de ce corps au début de la Révolution.

Avec le second, nous voyons l'artillerie
légère à Eylau et à Friedland et nous la sui-
vons en Espagne. C'est à lui que l'on doit
d'avoir mis en relief le rôle prépondérant que
l'artillerie pouvait être appelée à jouer par le
groupement de ses pièces et la concentration
de ses feux et il a su appliquer cette tactique
nouvelle avec une intelligente audace.

D'une loyauté chevaleresque, d'une austère
probité, Senarmont souffrait de ne pas trouver
chez tous ces qualités essentielles du commandement, aussi avec une liberté extraordinaire
de langage il s'adressait à l'Empereur, à ses
chefs, pour réclamer ce qu'il croyait juste.
Quelques anecdoctes rapportées par M. Girod
de l'Ain le montreront. Un jour Napoléon lui
ayant promis le grade de chef de bataillon
pour un officier, le capitaine Legay qu'il lui
présentait. « Nous verrons à la première
affaire. — Votre Majesté l'a promis. — A la
première affaire. — Sire ; vous l'avez promis et
si vous ne lui donnez pas ce grade, je vous
prie de me permettre de donner une de mes
épaulettes au capitaine Legay et de vous
rendre l'autre. — Vous serez toujours une

mauvaise tête, lui dit en terminant l'Empereur, il faut faire ce que vous voulez. »

Une autre fois, ayant appris que des mulets qu'il avait obtenus des Espagnols pour un service de transport d'artillerie, au lieu d'être rendus avaient été retenus par ordre supérieur pour porter des bagages, il court chez le roi Joseph. « Sire, lui dit-il, si vous ne faites pas pendre un maréchal pour l'exemple, nous seront chassés de l'Espagne avant six mois ! » et il fait rendre leurs mulets aux Espagnols.

IV

Quoique brave soldat, Senarmont avait de son repos et de la vie de famille une soif qu'il ne put que rarement satisfaire et son plus vif désir aurait été de se retirer dans sa propriété de Voisins, près de Chartres.

« Je ne me soucie plus, écrivait-il à son frère, ni de grâces, ni de faveurs ni de grades; je veux vous embrasser tendrement, vous, ma femme et mes enfants, et n'ai point d'autre désir. »

Ce besoin d'un chez soi se faisait sentir chez un certain nombre de ces officiers qui, depuis plus de quinze ans, avaient parcouru l'Europe, été en Egypte ou aux Iles ; malgré les guerres auxquelles ils prenaient part ils se mariaient jeunes le plus souvent, installant dans leur pays une famille que souvent ils étaient plusieurs années sans revoir et qui, parfois, ne recevait plus d'eux d'autre nouvelle que celle de leur mort ; mais cela n'enlevait rien à leur enjouement et à leur gaîté et on me permettra d'ouvrir ici une parenthèse et, au milieu des portraits tracés par M. Girod de l'Ain, d'esquisser d'après quelques lettres que je possède de lui, la silhouette d'un abbevillois, le colonel Demanelle.

Fils d'un officier qui avait émigré et servi à l'armée de Condé, Demanelle, né en 1775 à Saint-Blimont, prés d'Abbeville, était entré à l'Ecole d'artillerie dès les premières années de la Révolution, peut-être même figurait-il dans la promotion où nous trouverons plus loin Drouot et à vingt-huit ans il était marié et colonel du 2e régiment d'artillerie. Deux ans plus tard il reçut, en avant de Vérone, une blessure dont il mourut à Plaisance, le 16 brumaire an XIV.

Voici quelques-unes de ses lettres adressées à son ami François Traullé, négociant en draps, et l'un des savants modestes dont nous avons gardé le souvenir dans notre enfance.

Les Traullé étaient trois frères, l'un François, marchand de draps, l'ami de Demanelle, un autre Alexandre, le magistrat de sûreté, mort procureur du roi, archéologue distingué, qui appartint à l'Institut de France comme associé correspondant national et un troisième, officiers du génie qui perdit un bras dans les guerres de l'Empire et mourut commandant de place à Sedan, grand collectionneur de gravures. Auprès de François et d'Alexandre vivait leur mère dont Demanelle se considérait comme l'un des fils.

Les lettres que nous possédons de Demanelle, au nombre de six, ne portent pas de date d'année sauf une, aussi nous n'avons pu établir leur classement que d'une mánière approximative. Toutefois, elles nous semblent assez intéressantes pour n'être pas déplacées dans l'article que nous consacrons aux « Grands artilleurs. »

1

« Saint-Jean-de-Luz, le 26 germinal, (an x).

« J'ai été, écrivait-il à son ami François Traullé, de Dijon à Lyon, à Bordeaux, à

8

Bayonne, etc., sans savoir ou du moins sans
être sûr de ce que j'allais devenir. Aujour-
d'hui, mon cher François, la bombe vient
d'éclater. Demain, je serai sur les terres de
nos *bons* alliés les Espagnols, et, dans un mois,
j'aurai vu Madrid, etc., etc.

« C'est une drôle de chose que la vie de ce
monde. Je vous écris cette lettre dans mon lit,
à onze heures du soir, et au grand méconten-
tement de mes yeux qui se ferment presque
malgré moi, mais il n'aurait pas été décent de
quitter la France, sans vous dire adieu.....

« Dites à la bonne maman Traullé que je
l'embrasse de tout mon cœur et que je désire
la retrouver bien portante lorsque je revien-
drai à Abbeville. C'est alors que j'aurai de
belles choses à lui raconter.

« Je vais traverser le théâtre des aventures
du fameux Don Quichotte, et peut-être y
aurai-je aussi une Dulcinée, à laquelle il ne
me manquera que d'être aussi fidèle que lui.
— On se moquerait de moi.

« Dites-moi, mon cher François, comment
on a reçu la nouvelle de la paix dans votre
ville d'Abbeville.

« Dites-moi si, en comptant M. de Corday,
il y a un membre du cabinet littéraire qui soit
de ma force pour politiquer et prédire les
événements.

« Dites-moi, etc., etc.

« Embrassez pour moi toute votre famille et
laissez-moi dormir.

« Votre ami,

« J. DEMANELLE,

« *Commandant l'artillerie de l'avant-garde
de l'armée française en Espagne.* »

2

« Lyon, le 30 prairial, (an XI).

« J'ai eu tant de courses à faire, pendant le
peu de jours que je suis resté à Paris, mon

cher François, que je n'ai pas eu le temps de vous écrire et qu'à peine j'ai pu voir pendant quelques minutes *le magistrat de sûreté.*

(Le magistrat de sûreté, nous l'avons dit plus haut, était Alexandre Traullé, frère de François),

« Je vous écris encore aujourd'huy à la hâte parce que je pars dans deux heures pour continuer ma route.

« Je compte arriver à mon régiment (à Plaisance) dans huit jours et il est probable que j'y resterai jusqu'à son retour en France. Car on a répondu à la demande que j'ai faite d'aller à une expédition quelconque en me disant qu'il était temps que je me repose. Le premier consul, que j'ai vu dimanche dernier, m'a dit d'avoir bien soin de mon régiment, le ministre m'a donné des frais de poste pour le joindre et le général Marmont m'a promis de lui donner bientôt une garnison *dont je serais content.* Voilà tout ce que j'ai obtenu. »

Après avoir parlé de sa maison, il ajoute qu'il n'y reviendra sans doute pas l'hiver, mais compte bien y passer l'hiver prochain ; on voit que l'on était encore dans la vieille tradition de faire campagne dans la belle saison et de venir, comme au temps de Louis XIV et de Louis XV, reprendre chez soi ses quartiers d'hiver.

Demanelle avait pris part à l'expédition de Saint-Domingue.

3

« Plaisance, le 8 thermidor, (an XI).

« Vous saurez donc que loin d'être mort, je me porte mieux que je ne me suis porté depuis bien longtemps, et que je commence à avoir peur d'engraisser. Je voudrais bien vous en dire la raison mais je ne le sais pas moi-même et ce qui me fait seulement soupçonner que je dois cela à l'air de Plaisance, c'est que

comme j'y suis aussi sage qu'à Abbeville, je
ne vois pas trop sans cela pourquoi je m'y
porterais mieux. Pauvre Abbeville, ses habitants et ses habitantes devraient bien m'aimer, car moi je les aime bien, et les trois cents
lieues qui m'en séparent n'ont pas encore pu
me les faire oublier un instant, les veuves
surtout, hà! les veuves, n'oubliez pas, mon
cher François, de le dire à toutes celles que
vous savez prendre un peu d'intérêt à ce qui
me regarde... C'est étonnant comme j'aime les
veuves. Il y en a cependant *une* que vous
connaissez *très bien* et qui m'a diablement fait
enrager le jour du mardi gras, mais j'ai l'âme
bonne, je pardonne volontiers et je veux aussi
la mettre sur la liste de celles au souvenir desquelles je vous prie de me rappeler.

« Il y a déjà deux mois que j'ai quitté la
bonne Picardie et il y en a un que je suis à
Plaisance. Quoique j'y aie de l'occupation
toute la journée et surtout des occupations
bien agréables, je commence déjà à calculer
le temps que je dois y rester et je trouve que
quatre mois sont bien longs.

« C'est vers le mois de frimaire que je
compte avoir le plaisir de vous revoir et d'embrasser de tout mon cœur la meilleure de
toutes *les veuves*. (Madame Traullé mère).

« Quand bien même je pourrais partir plus
tôt, je ne le ferais pas, parce que mon régiment a besoin de moi et que c'est à cette
époque qu'on pourra y reconnaître d'une manière bien sensible tout ce que j'y aurai fait.

« Dites moi un peu maintenant, *M. le marchand de draps*, si vous pouvez me faire la
commission suivante :

[Suivent de longs détails sur une commande
de draps de 5 à 6.000 francs qu'il voudrait lui
faire pour lui et les officiers de son régiment,
parce que les draps en Italie sont très mau-
et très chers et qu'une vingtaine de ses officiers
sont par suite assez mal habillés].

« Dites-moi un peu comment se porte *La Grenade*, ma maison rue Saint-Gilles, mon jardin, mes bastions, mes raisins, etc.

« Et le magistrat de sureté, mon Dieu, et mon procès. Tout est au croc sans doute. (J'entends seulement le procès). Il n'y a pas de collègue qui tienne et il m'a oublié. Mais qu'il soit tranquille, l'ingrat, je ne suis pas encore mort et il verra si je sais me venger.

« Croit-il qu'il n'y a que lui qui puisse avoir un cabinet? Ne sait-il pas que j'ai une malle à présent et que déjà elle contient, non compris mon linge, une douzaine d'antiques d'une antiquité mille fois plus antique que ce qu'il a vu d'antique à Vron et autres lieux.

[Vron est une commune des environs d'Abbeville connue de toute époque pour ses fabriques de poteries].

« Qu'il apprenne donc que dans quatre mois je retourne à Abbeville avec un fourgon chargé de tout ce que l'Italie renferme de plus précieux, de plus beau et de plus illustre, en fait de ferrailles, têtes de morts, vieux pots, etc., etc.

« C'est alors qu'il viendra faire le calin dans mon *cabinet*, et me proposer des arrangements; mais qu'il soit tranquille.... il n'y a pas qu'un seul entêté dans la Picardie;... et moi aussi je saurai dire *non*, comme l'intraitable C., et moi aussi je saurai... lui pardonner et l'embrasser de tout mon cœur, tout cela parce qu'il est de la famille.

« Adieu, mon cher François, voilà assez de sottises pour une fois; il ne faut nous blesser ni l'un ni l'autre.

« Embrassez pour moi notre bonne maman Traullé et dites-lui qu'elle a en Italie un grand mauvais sujet de fils qui l'aime bien et qui aura bien du plaisir à la revoir.

« F. DEMANELLE. »

4

« Plaisance, le 28 messidor, (an XI).

. . . .

« Vous ai-je écrit depuis le passage de l'Empereur à Plaisance. Je n'en sais rien, mais dans tous les cas, je vous aurais dit :

Que j'ai eu la rare faveur de dîner avec lui à une table de dix couverts, la faveur plus grande encore de rester à cette table près de deux heures et d'entendre pendant ces deux heures des choses que je n'oublierai sans doute jamais et dont je profiterai...

« Il a passé la revue de mon régiment avec le plus grand détail et nous a fait manœuvrer pendant quatre heures de suite, en témoignant à chaque instant sa satisfaction et en profitant de tous les moments de répit pour causer avec moi, non pas comme un empereur, mais un officier d'artillerie qui se retrouve avec plaisir au milieu de ses camarades, et surtout avec une gaîté et une familiarité dont toute sa suite était fort surprise.

« Enfin, j'ai reçu de lui et de tout ce qui l'entourait l'accueil et les éloges qui peuvent le plus flatter un homme qui ne désire que cela.

« Je lui ai demandé vingt faveurs pour mon régiment et j'ai eu le plaisir inexprimable de les obtenir toutes sans aucune exception.

« Pour moi-même, vous savez que je suis incapable de rien demander, mais que demanderais-je pour être mieux que je ne suis. »

. . . .

5

« Au quartier général de Plaisance, le 25 fructidor, (an XI).

« Ma position actuelle et celle de ma famille m'imposent la nécessité de chercher à m'établir quelque part, et vous connaissez toutes les raisons qui déterminent mon choix pour Abbeville.

« Il me faut donc une maison ; mon intention est de m'occuper des moyens de l'acheter. Je l'aurais déjà fait si mon beau-père était un homme comme un autre.....

Et, après avoir parlé d'un mariage pour sa sœur, Demanelle ajoute :

« Je n'ai que vingt-huit ans, ma position actuelle me donne le droit d'en espérer une meilleure encore dans quelques années, et il n'y a que la mort qui puisse s'y opposer.... Hé bien, il faudra que celui qui épousera ma sœur en courre la chance comme moi.

« Ce sera sans doute la seule qu'il aura à courir parce que j'espère que ses parents, ses amis et vous-même, mon cher François, lui donnerez le conseil de ne prendre qu'un homme qui soit capable de la rendre aussi heureuse qu'elle le mérite.

« Vous pourrez donner connaissance de ma lettre à M. D. M., afin qu'il puisse en faire part aux amateurs. »

6

« Alpo, le 3 brumaire, (an xiv).

« Votre lettre, mon cher François, est venu me trouver sur les bords de l'Adige, et en présence des Autrichiens que nous avons déjà battus, que nous battrons encore, et que nous ne laissons en repos depuis quelques jours, que pour concentrer nos mouvements avec la grande armée..., celle qui fait des miracles... »

Telle est la dernière lettre que nous possédions de Demanelle.

V

Compiègne, par un hasard qui peut sembler extraordinaire, ne compte parmi ses enfants aucun officier s'étant distingué dans les guerres de la République et de l'Empire, mais notre ville fut la demeure de deux généraux appartenant à l'artillerie et qui occupèrent dans l'état-major de cette arme une haute situation. Nous voulons parler du général de division de Seroux, baron du Fay et du général baron de Bicquilley, son gendre.

Si le premier, fils d'un officier d'artillerie, est né à Paris, le 3 décembre 1742, où son père se trouvait en garnison, il appartient à une famille compiégnoise, dont les membres ont, pendant plusieurs siècles, occupé un rang important dans notre ville et possédé diverses seigneuries dans les environs, notamment celles de Venette, du Boquet, de Montbelloy, de Bienville, de Jaux, de Villers et d'Agincourt.

Quatre petits-neveux de son nom ont porté l'épaulette et pris part à la guerre de 1870-1871 et deux comptent encore aujourd'hui au nombre des officiers supérieurs de notre cavalerie.

Plusieurs membres de cette famille s'étaient distingués dans les guerres de la fin du règne de Louis XIV et François de Seroux, le grand-père du général, chevalier de Saint-Louis, lieutenant-colonel d'infanterie a les plus brillants états de services que constatent des lettres-patentes de Louis XIV.

Le petit-fils a marché sur les traces du grand'père et entré au service comme cadet d'artillerie en 1755, il avait fait comme sous-lieutenant en 1757, 1758 et 1762, les campagnes de Hanovre et du Bas-Rhin.

Comme beaucoup d'officiers des armes savantes, tandis que les autres membres de sa

famille émigraient, Jean-Nicolas de Seroux
resta dans les rangs de l'armée où il avait déjà,
au moment de la Révolution le grade de lieutenant-colonel et la croix de chevalier de
Saint-Louis. Directeur de l'artillerie du Pas-
de-Calais, et commandant supérieur des places
de Saint-Omer et de Calais, il fut, avec plusieurs membres de sa famille mis en suspicion
et incarcéré pendant la Terreur, mais son ar-
restation ne fut que de courte durée et il prit
en l'an IV une part active aux opérations de
l'armée de Sambre-et-Meuse, placée sous les
ordres de Marceau, dont il commanda en chef
l'artillerie. En l'an VII, il etait nommé général
de brigade et appelé à commander l'artillerie
du corps d'occupation envoyé en Hollande, et
en cette qualité il fut chargé de réorganiser
l'artillerie de la république batave.

Après avoir été appelé au commandement
en chef de l'armée d'occupation de la Haute-
Italie en 1801, le général de Seroux fut investi
par Murat du commandement supérieur de la
marche d'Ancône, et du duché d'Urbin et de
la surveillance des convois de toute espèce,
destinés pour l'Egypte.

« Il sut, écrit son petit-fils le baron de
Bicquilley, y faire aimer et respecter le nom
Français. »

Appelé après la paix d'Amiens, à la direction successive des écoles de Douai et de La
Fère, J.-N. de Seroux reçut le titre de commandant de la Légion d'honneur lors de la
première distribution du camp de Boulogne et
fut investi des fonctions d'inspecteur-général
d'artillerie.

Mais, malgré son âge, le général de Seroux
ne voulait pas échanger contre un service
sédentaire la position qu'il pouvait encore occuper devant l'ennemi et en 1805 nous le
voyons à la tête de l'artillerie du corps de
la grande armée à Elchingen et à Ulm.

Dans le combat de Landsberg qui précéda

la bataille d'Eylau, le général de Seroux perdit l'un de ses gendres M. Brunel qui lui servait d'officier d'ordonnance, et le même boulet abattit le cheval de son autre gendre le colonel de Bicquilley ; il se distingua aussi à Friedland, et à la suite de cette belle campagne, à Tilsitt même, le lendemain de la signature du traité de paix, il reçut la plaque de grand-officier de la Légion d'honneur, dont le colonel Bicquilley fut créé commandeur. Peu de mois après, le titre de baron de l'Empire était également décerné à ces deux officiers.

Dans les premières années de ce siècle, le général de Seroux acheta à Compiègne la belle habitation qui venait d'être construite sur l'emplacement du couvent des Cordeliers et il la fit décorer dans le goût du jour. Rien n'a été changé depuis cette époque dans le grand salon dont le mobilier est du plus pur style de l'Empire et que décorent deux beaux portraits à mi-corps représentant, l'un, le baron de Seroux, en grande tenue de lieutenant-général avec le grand-cordon de Saint-Louis, l'autre, le baron de Bicquilley, en uniforme de colonel d'artillerie.

C'est dans le beau parc qui entoure cette propriété, appartenant aujourd'hui à son petit-fils M. René de Songeons, que le baron Eugène de Bicquilley, qui avait quitté l'artillerie comme capitaine après la prise d'Alger, nous rappelait avoir joué souvent avec les enfants du roi Charles IV, pendant le séjour que la cour d'Espagne fit à Compiègne.

Aide de camp de son beau-père qu'il avait suivi pendant une partie de ses campagnes, le général de Bicquilley appartenait à une famille d'origine irlandaise qui était venue se fixer en Lorraine au xvie siècle et dont plusieurs membres avaient rempli à Toul notamment d'importantes fonctions.

Envoyé à l'armée d'Espagne, le général de

Bicquilley, mourrt à Villa-Franca, au commencement de 1809, à peine âgé de 37 ans, « abandonnant ainsi le plus bel avenir militaire et laissant tout-à-fait orphelin (sa femme était morte en 1807), à l'âge de cinq ans, son fils unique qui retrouva constamment dans la maison de son aïeul une tendresse paternelle dont on ne saurait exprimer la délicatesse et le dévouement. » (Notes du baron de Bicquilley, au bas des états de services du général de Seroux. — 1846).

A la suite de la campagne du Tyrol en 1806, il avait reçu en cadeau deux petites pièces d'artillerie montées sur leurs affûts, portant les armes de la ville de Hall et qui décorent encore aujourd'hui le vestibule de l'habitation de M. de Songeons.

Nous ne suivrons pas le général de Seroux dans les dernières campagnes de l'Empire auxquelles il prit part malgré son grand âge et nous nous bornerons à emprunter aux notes jointes par son petit-fils à ses états de services les renseignements suivants sur les dernières années de sa vie.

En 1810, le général avait été chargé de l'inspection des côtés de l'Océan. « A la suite de cette mission qui se mélangeait avec sa participation aux travaux du comité d'artillerie, la paix conclue de nouveau à Vienne, et qui semblait cimentée par le mariage de Napoléon avec Marie-Louise, menaça de nouveau d'être rompue; l'empereur, se préparant aux immenses évènements qu'il ne présageait qu'en partie, dut songer à cette importante place de Magdebourg, qui allait être, pendant trois ans, l'appui de ses opérations en Allemagne, son principal arsenal et son matériel d'approvisionnement. Le général d'artillerie qui avait présidé à sa prise, devait être aussi choisi pour présider à sa conservation.

[En 1806, le général Seroux avait commandé

en chef l'artillerie au blocus et à la prise de Magdebourg].

« Et malgré son grand âge, malgré la maladie de la pierre qui commençait à lui faire endurer de cruelles souffrances, le vieux général Seroux, ce Doyen de l'armée, partit à 70 ans pour aller prendre la direction en chef de l'artillerie de la place et du commandement de Magdebourg. Cette place n'ouvrit ses portes qu'après le traité de Paris en 1814.

« A son retour en France, le cordon de l'ordre de Saint-Louis lui fut conféré par le roi Louis XVIII qui lui conserva son grade honoraire et la solde d'activité. Le premier usage que le général Seroux fit de sa liberté, fut de subir la douloureuse opération de la pierre ; il n'était pas encore hors de danger quand les Cent-Jours vinrent amener de nouveaux désastres pour la patrie, et ce fut sur son lit de douleur qu'il reçut les suprêmes adieux de son ancien chef et ami, le maréchal Ney, quand celui-ci quitta Paris pour sa dernière et fatale expédition. L'état des affaires à la suite de ces événements ne permit pas de conserver au général une position exceptionnelle, et sa retraite fut liquidée à la fin de 1815.

« En ce moment, le général Seroux, âgé de 73 ans, comptait *soixante* années pleines de services effectifs passés sous les drapeaux. Si l'on eut calculé les suppléments de temps autorisés par les ordonnances générales et les décrets spéciaux applicables à ses nombreuses campagnes, on fut arrivé aux environs d'un siècle, si on ne l'eut dépassé. Contemporain du grand Frédéric, dont il s'était trouvé appelé, lors de son début, à combattre les valeureuses phalanges, il lui avait encore été donné, vers le déclin de sa vie, de se ranger sous les étendards de Napoléon, et de ne le quitter définitivement que lorsque celui-ci se vit contraint d'abandonner pour toujours la scène publique.

« C'est à Compiègne, son pays et celui de ses ancêtres, que le général Seroux passa le temps de sa retraite, aimé et vénéré de ses concitoyens, comblé par la Famille royale de témoignages de bienveillance et d'estime, faisant de sa maison le rendez-vous des militaires et d'une société nombreuse dont il était le lien. En 1819, le roi Louis XVIII lui conféra la grand'croix de l'ordre de Saint-Louis, et le 5 décembre 1822, chargé de 80 ans glorieusement remplis, d'honneurs loyalement gagnés, ce noble vieillard termina chrétiennement et avec sérénité sa longue carrière, entouré des marques d'affection de sa famille et des regrets universels. »

En 1806, on avait donné à une partie de la rue des Jacobins le nom de rue d'Austerlitz, en mémoire de la victoire à laquelle le général de Seroux du Fay avait largement contribué, mais cette appellation n'avait pas été maintenue et le conseil municipal de Compiègne donna ce nom à toute la rue, rappelant par une délibération du 19 mai 1846, les brillants et longs services du général.

A cette occasion le baron de Bicquilley offrit à la ville une copie du portrait de son grand-père qui est aujourd'hui placée dans une des salles du Musée Vivenel.

Sans avoir brillé d'un éclat tel que ceux d'Eblé et de Drouot, le nom du général de Seroux nous a paru mériter d'être rappelé dans cette circonstance et c'est ce qui nous a porté à lui donner place avec Bicquilley et Demanelle dans l'article que nous consacrons aux Grands Artilleurs.

VI

Organisateur remarquable, Eblé se mit en relief pendant la retraite de Russie : « La grande armée, écrit M. Girod de l'Ain, avait quitté Moscou le 19 octobre 1812. Depuis lors, les événements s'enchaînaient pour rendre la retraite plus désastreuse de jour en jour. Arrivé sur les bords de la Bérésina, Napoléon apprend que le pont de Borisow est tombé au pouvoir des Russes ; la dernière chance de salut semble nous échapper. Malgré la rigueur du froid, la rivière n'est pas encore gelée ; cependant un gué, miraculeusement découvert, permettrait l'établissement d'un pont de chevalets. Pour triompher des dificultés presque insurmontables que cette opération présente, l'Empereur fait appel au dévouemeut des quatre cents pontonniers qui sont restés groupés autour de leur respectable général.

« Improviser un matériel au moyen des bois arrachés aux maisons démolies ; travailler dans l'eau, nuit et jour, au milieu des glaçons ; assurer sur ces ponts, qu'il faut constamment réparer, le passage d'une foule inconsciente et désordonnée ; enfin, ne les détruire qu'à la dernière extrémité, lorsque l'ennemi est déjà sur la rive, telle est l'œuvre à jamais mémorable accomplie par cette petite troupe docile à la voix d'un chef qu'elle vénère et qui lui donne l'exemple du sacrifice. »

Jean-Baptiste Eblé, né à Saint-Jean de Rohrbach (Moselle), en 1758, était le fils d'un brave soldat qui, entré au service en 1743, parcourut tous les grades et se retira au bout de cinquante années avec les épaulettes de capitaine et la croix de Saint-Louis. Son père le fit inscrire sur les contrôles à l'âge de neuf ans ; à dix-sept ans, il était sergent et a en 1785 obtenait le grade de lieutenant.

Après avoir passé quatre ans à Naples à travailler avec plusieurs de ses camarades à la réorganisation de l'artillerie, il rentra en France au début de la Révolution. On allait vite et en 1793, Eblé avait le grade de général et le commandement de l'artillerie de l'armée des Ardennes et plus tard de celle du Nord. Il

donne alors des marques de son talent d'organisateur en établissant les parcs d'artillerie,
en stimulant le zèle des fonderies et en faisant
des charrois de l'artillerie un service public,
tandis que jusque là, c'était à la suite de marchés passés avec des particuliers ou par voie
de réquisition que se conduisait l'artillerie,
même sur les champs de bataille. Il y a là un
chapitre des plus intéressants pour l'histoire
des origines du train des équipages. Quelques
années plus tard, en 1797, la défense des ponts
de Kehl et d'Huninque fournira à Eblé l'occasion de procéder à l'organisation des pontonniers. Les détails qu'il fournit sur ces soldats,
dont le noyau avait été formé par les bateliers
de Strasbourg et de Mayence n'en donnent pas
une haute idée et Eblé dut avoir fort à faire
pour que leurs successeurs soient devenus les
héros du passage de la Bérésina. Que l'on en
juge par ces lignes qui montrent combien était
peu développé, parmi eux, l'esprit militaire :
« Pour n'en citer qu'un exemple, tous les sous-
officiers étaient galeux et entretenaient avec
soin cette maladie, afin d'avoir un prétexte
pour être dispensés de marcher à l'occasion, »
L'indiscipline avait subsisté dans cette troupe
commandée par ses officiers nommés à l'élec-
tion, « la plupart aussi lâches qu'ignorants et
dénués de toute espèce de délicatesse. »
Nous ne suivrons Eblé ni en Belgique dans
ses inspections, ni en Italie où il commande
l'artillerie du corps de Championnet. Partout
on le voit tirer parti des moindres ressources
pour constituer un matériel et lui fournir des
servants en nombre suffisant. Parmi les jolies
chinoiseries administratives que nous raconte
son historien et qui montrent que rien ne
change chez nous, figure la difficulté d'habil-
ler en 1800 les soldats du train, dont l'uniforme doit être de drap gris-de-fer, mais on
ne fabriquait alors des draps de cette couleur
qu'à l'étranger et leur entrée était interdite en

France. On ne nous dit pas comment on sortit de cette difficulté. Victime de préférences de l'Empereur en faveur d'un de ses anciens compagnons d'Egypte, moins ancien que lui, il fut cependant appelé à remplir des fonctions importantes et notamment celles de gouverneur de Magdebourg, de ministre de la guerre du royaume de Westphalie, puis en 1810 de commandant en chef de l'artillerie de l'armée de Portugal. A la fin de 1811 enfin. Napoléon, prévoyant la guerre terrible qui allait éclater se prépare à confier au général Eblé le commandement en chef de l'artillerie de la Grande-Armée qui s'élevait à 688 bouches à feu. Il le charge d'abord de la direction des équipages de ponts et ce sont, comme nous l'avons vu plus haut, les services rendus par Eblé pendant la retraite de Russie qui ont rendu son nom célèbre.

Après la mort de La Riboisière, en décembre 1812, Napoléon donnait à Eblé sa succession et lui confiait d'abord le commandement de cette formidable artillerie qui se réduisait alors..... à neuf bouches à feu et cinq caissons. Par un décret signé quelques jours plus tard, l'Empereur donnait au commandant de son artillerie ce titre de premier inspecteur de l'arme qui lui avait échappé huit ans plus tôt. Mais, il était trop tard. Eblé, succombant aux épreuves qu'il avait éprouvées dans cette terrible campagne, était mort le 30 décembre 1812 à Kœnigsberg.

On vient de le voir, par les lignes qui précèdent, si le nom d'Eblé est resté célèbre par le passage de la Bérésina il a bien d'autres titres à figurer parmi les officiers les plus capables de l'artillerie : « Il a, dit M. Girod de l'Ain, tracé une voie nouvelle, celle où nous marchons encore aujourd'hui. L'affectation à chaque division d'une artillerie complète avec parcs et dépôts, l'organisation des bataillons du train, celle du corps des pontonniers sont autanf de progrès dont l'artillerie est redevable au général Eblé.

« Aux talents militaires, à cette connaissance approfondie de toutes les branches du service, Éblé réunit les qualités morales les plus hautes. Il appartient à cette race d'officiers modestes, intègres, scrupuleux, qui ont le culte du devoir, de la discipline et de l'honneur, toujours prêts à consacrer au service de la patrie ce qu'ils ont de force et d'intelligence, sans raisonner ni se plaindre, trouvant dans le témoignage d'une conscience satisfaite une récompense plus enviable el plus sûre que les faveurs d'une fortune parfois aveugle ; en un mot, il appartient à cette race d'officiers d'artillerie dont Napoléon disait à Sainte-Hélène « qu'ils étaient *purs comme de l'or.* »

VII

Les quatre « Grands artilleurs », dont M. Girod de l'Ain nous a retracé la vie et fait connaître les travaux, sont des hommes de guerre d'un véritable mérite, des officiers dont on ne peut mettre en doute ni la valeur ni le patriotisme et, d'après les correspondances intimes qui nous sont données, d'excellents chefs de famille, mais de tous — et nous l'avons gardé pour la fin, bien qu'il figure en tête du volume — celui qui a toutes nos sympathies, c'est Drouot. Nous devons ajouter que pour nous, ce n'est pas tant en lui le général qui nous attire, mais l'homme, mais le chrétien.

Fils d'un boulanger de Nancy, Antoine Drouot naquit en 1774 et, grâce aux sacrifices de sa famille qui, cependant avait douze enfants, il put faire ses études au collège de cette ville et se destinait à entrer chez les chartreux lorsque la suppression des ordres religieux vint modifier ses projets. La France appelait

ses enfants sous les drapeaux pour combattre
l'invasion ; comme un de ses frères, Drouot
songea à se faire soldat, il allait s'engager
dans quelque bataillon de l'armée de Sambre-
et-Meuse lorsqu'il apprit qu'on allait admettre
à l'école d'artillerie de Châlons un certain
nombre d'élèves sous-lieutenants. Poussé par
son professeur de mathématiques qui lui avait
reconnu des dispositions spéciales, notre jeune
boulanger se disposa à courir les chances de
l'examen que présidait le célèbre mathéma-
ticien Laplace, dans l'été de 1793.

« La porte de l'école de Châlons s'ouvre.
On voit entrer, écrit M. Girod de l'Ain, une
sorte de paysan, l'air ingénu, de gros souliers
aux pieds et un bâton à la main. Un rire uni-
versel accueille le nouveau venu. L'examina-
teur lui fait remarquer ce qu'il croit être une
méprise, et sur sa réponse qu'il vient pour
passer l'examen, il lui permet de s'asseoir. On
attendait avec impatience le tour du petit
paysan ; il vint enfin. Dès les premières questions, Laplace reconnaît une fermeté d'esprit
qui le surprend. Il pousse l'examen au-delà
de ses limites naturelles et va jusqu'au calcul
infinitésimal ; les réponses sont toujours claires,
précises, marquées au coin d'une intelligence
qui sait et qui sent. Laplace est touché ; il
embrasse le jeune homme et lui annonce qu'il
est le premier de la promotion. L'école se lève
tout entière et accompagne en triomphe dans
la ville le fils du boulanger de Nancy. Vingt
ans après, Laplace disait à l'Empereur : « Un
des plus beaux examens que j'aie vu passer
dans ma vie est celui de votre aide de camp,
le général Drouot. »

Un mois plus tard Drouot entrait à Metz
comme lieutenant dans un régiment d'artillerie.

Il mit quatorze ans, malgré de nombreuses
campagnes, à parvenir au grade d'officier supérieur, mais à partir de cette époque son

avancement fut des plus rapides. Il fut alors
envoyé à l'armée d'Espagne, mais en 1809, il
revint à la grande armée et se trouvait à
Wagram où il recevait de l'Empereur l'ordre
de marcher à la tête de l'artillerie à cheval de
la garde : « Allez, lui dit l'Empereur, allez
dans la plaine écraser les masses de l'ennemi. »
Et, malgré des difficultés sans nombre, l'artillerie par une brillante charge décida du
sort de la journée.

Trente ans plus tard, un vieux soldat qui
avait été sous les ordres de Drouot lui écrivait cette lettre touchante, sur la fausse nouvelle de sa mort :

« Il y a un proverbe qui dit qu'on doit dire
la vérité aux morts. Celui qui a mis cet article
dans le journal de Paris du 5 décembre 1831
avait cependant oublié une chose et qui, cependant, est essentielle, à mon idée, c'était
de dire la manière dont vous saviez parler
aux soldats et les gouverner. C'est une belle
chose que la science, mon général, mais moi,
je dis que ce n'est pas tout ; la principale
chose, suivant moi, c'est de se faire aimer
du soldat, parce que, si le colonel n'est pas
aimé, on ne se soucie pas beaucoup de se
faire tuer sous les ordres de quelqu'un que
l'on déteste. A Wagram, en Autriche, où ça
chauffait si fort et où notre régiment a tout
fait, est-ce que vous croyez que si vous n'aviez
pas été aimé comme vous l'étiez, les canon-
niers de la garde auraient aussi bien manœu-
vré ? Vous vous rappelez peut-être qu'après la
bataille, il manquait à l'appel vingt-cinq hommes par compagnie dans l'artillerie de la
garde. L'Empereur fit donner la croix à tous
les sous-officiers. Moi, mon général, je n'ai
jamais trouvé un colonel qui sût parler comme
vous à un soldat ; vous étiez sévère, mais
juste. Jamais un mot plus haut que l'autre,
jamais de colère; enfin vous parliez à un soldat comme s'il eut été votre égal. Il y a des

officiers qui parlent aux soldats comme s'ils étaient les égaux des soldats, mais ça ne vaut rien du tout.

« ... Excusez, mon général, un vieux canonnier de votre régiment de vous importuner, mais quand j'ai su que vous n'étiez pas mort, j'ai senti un tel plaisir que j'ai voulu vous faire mes compliments. »

Peut-on voir un plus bel éloge d'un chef que celui que dans sa simplicité le canonnier Maillot décerne à son ancien colonel.

Drouot prit part à la campagne de Russie, d'où il revint avec le grade de général ; l'année suivante, il fait les guerres de Saxe et de Bohême et devient aide-major de la garde impériale. Mais, ce n'est qu'avec regret qu'il accepte ces nouvelles fonctions : artilleur, il est et voudrait rester, comme il l'écrit au général Eblé.

Les événements marchent vite et malgré des prodiges de valeur de la part de nos soldats, en 1814 la France est envahie. Drouot est à cette époque comte de l'Empire, grand-officier de la Légion d'honneur, général de division et, comme l'écrit Thiers, il est le véritable ministre de la garde impériale.

L'Empereur tombé, Drouot va avec lui comme gouverneur de l'île d'Elbe. « J'accompagne Sa Majesté à l'île d'Elbe et je ne quitte point dans l'adversité le souverain que j'ai aimé et servi dans la prospérité. Je renonce à ma patrie, à ma famille et à mes affections les plus chères; le sacrifice eut été mille fois plus fort, plus grand si j'avais renoncé à la reconnaissance. »

Le 1er mars 1815, il débarque avec Napoléon au golfe Juan et dès son arrivée à Paris, il est chargé de réorganiser la garde impériale, à la tête de laquelle il se trouve à Waterloo.

Au lendemain de cette funeste journée, c'est lui qui, à la chambre des Pairs, monte à la tribune et après en avoir raconté les épisodes dans un discours émouvant, s'efforce de relever le courage de ses collègues en leur demandant de ne pas désespérer de la patrie. Mais il est trop tard, le territoire est envahi, Paris est cerné et il ne reste plus qu'à signer la paix.

Après avoir procédé au licenciement de la Garde et pris la cocarde blanche, Drouot se préparait à rentrer dans sa ville natale, lorsqu'à Bourges, il fut averti de la nouvelle de sa proscription.

« Je ne pourrais pas dormir sur l'oreiller d'un exilé ; si je dois être jugé, je me présenterai à mes juges, répondait Drouot à ceux qui lui offraient de le soustraire par la fuite aux poursuites qui le menaçaient et le 1er août 1815 il venait se constituer prisonnier.

Traduit devant un Conseil de guerre, l'ancien commandant de la Garde impériale comparaissait le 6 avril 1816, comme accusé d'avoir attaqué, à main armée, la France et le Gouvernement.

C'était une affaire capitale, Macdonald vint déposer en sa faveur, le rapporteur déclara que la conduite de Drouot était celle d'un honnête homme attaché à sa patrie et à ses devoirs et qu'il avait rendu d'éminents services au Roi et à la France et après une brillante plaidoirie de Girod de l'Ain, ancien président du Tribunal de la Seine, plus tard ministre sous Louis-Philippe et qui depuis longtemps était l'ami de Drouot, le Conseil, par trois voix contre quatre et après six heures de délibération, prononçait son aquittement.

Mais dès ce jour la carrière du grand artilleur était terminée et il se retirait dans sa ville natale, demandant à un de ses amis de lui chercher une retraite pour terminer son existence dans l'obscurité.

« Je ne suis, écrivait-il qu'un petit bourgeois pour le reste de mes jours. J'ai 42 ans, il me faut donc de l'espace pour aller et venir. Le jardin me donnera quelques fruits et des fleurs que je cultiverai moi-même. J'ai entendu trop de bruit dans ma vie pour ne pas désirer le silence et je redoute les foules agitées. En fait de réunion, je n'en veux chercher qu'à l'église du village... »

Drouot songeait alors à rejoindre Napoléon à Sainte-Hélène, mais ses démarches furent vaines et il s'installa à la porte de Nancy, près de sa vieille mère et de ses sœurs. Malgré les offres qui lui furent faites, il refusa à diverses reprises de reprendre du service sous la Restauration et n'accepta pas davantage les propositions plusieurs fois renouvelées de diriger l'éducation militaire du duc d'Orléans et celle du prince qui devait monter sur le trône sous le nom de Napoléon III.

En 1824, on lui accorda un traitement de retraite qui vint se joindre aux 2.500 francs de rente qui constituaient toute sa fortune personnelle et malgré de pressantes instances il refusa d'accepter un siège à la Chambre. Il avait conservé pour son ancien défenseur des sentiments de gratitude dont témoignent de nombreuses lettres dont l'auteur des « Grands Artilleurs » a su tirer un heureux parti.

Drouot avait alors quarante-deux ans et on peut dire que pendant quelque années il chercha sa voie. Allait-il se marier et se créer une famille ou entrer dans les ordres comme le bruit en courut ? le général ne se décida pas, il songea d'abord à écrire, comme tant d'autres, dont nous parlions au début de cet article, un récit des guerres auxquelles il avait pris part et pendant plusieurs années, de 1816 à 1820, il consacra les étés à explorer à cheval les Vosges, l'Alsace, la Champagne et la Franche-Comté, mais, comme il le disait dans une auto-biographie écrite en 1846, qui ne compte que trois pages et est à la fois un modèle d'exactitude et de modestie, il abandonna son projet : « Les infirmités, une cécité

complète et surtout le défaut de talent m'ont
fait renoncer à un travail qui était au-dessus
de mes forces ; j'ai jeté au feu mon manuscrit
et je désavoue tout ce qui serait publié sous
mon nom sur les événements contemporains
ou sur un sujet quelconque. »

Drouot ne se maria pas, vécut auprès de sa
mère jusqu'à la mort de celle-ci, essaya de se
faire agriculteur sans y réussir et fut dans
les dernières années de la Restauration en
proie à de violentes douleurs rhumatismales,
prélude de l'état dans lequel il devait passer
ses dernières années.

Bien qu'il ait reconnu avec la plus grande
loyauté le gouvernement de la Restauration,
Drouot, on ne peut se le dissimuler, vit avec
plaisir les événements de 1830 et le retour du
drapeau tricolore.

Mais les infirmités étaient venues et le brillant général avait besoin d'une béquille pour
appuyer ses pas chancelants. Toutefois, cédant
aux instances de Louis-Philippe, il acceptait
le commandemant de la troisième division
à Metz. Ses forces ne lui permettaient de le
conserver que peu de temps et il rentrait à
Nancy où il recevait le grand cordon de la
Légion d'honneur, le 13 octobre 1830.

Il remerciait le maréchal Gérard, ministre
de la guerre, de cette distinction, la plus
haute qu'il put envier, dans une lettre que l'on
nous permettra de citer en entier :

« Je suis touché jusqu'au fond du cœur de
cette faveur si distinguée, à laquelle je n'avais
aucun droit ; mais je regrette de me voir dans
l'impossibilité de la justifier par de nouveaux
services. J'espère cependant que, si la France
avait un jour des dangers à courir, je recou-
vrerais assez de forces pour me rallier avec
tous les bons Français autour du trône de
Louis-Philippe. Je ne pourrais pas être employé comme lieutenant-général, mes infirmités ne me permettraient pas de remplir des

fonctions si élevées ; mais, je pourrais, je l'espère au moins, rendre encore quelques services comme chef d'escadron ou lieutenant-colonel à la tête d'une douzaine de pièces de canon. En attendant j'essaie petit à petit à réparer mes forces dans la compagnie d'artillerie de la garde nationale dont je suis premier lieutenant. »

Et, en effet, on vit celui qui avait commandé l'artillerie de la Grande armée, exercer sur les boulevards de Nancy les bourgeois citoyens au maniement de quelques pièces d'artillerie et au passage du roi en 1831, il se fit un honneur de défiler en tête de sa batterie.

Les infirmités de Drouot ne firent qu'augmenter, perclus, sans voix et privé de la vue, il se vit condamné à une réclusion complète. Jamais il ne put siéger à la Chambre des pairs et il dût même renoncer au dernier plaisir qu'il éprouvait, celui d'assister aux séances de la Société des sciences et de la Société d'agriculture de Nancy.

« En dehors de ses parents, Drouot ne recevait presque personne, mais les pauvres connaissaient le chemin de sa demeure et savaient qu'on ne faisait jamais en vain appel à sa charité. Chaque année, il consacrait la plus grande partie de son revenu à des fondations pieuses, soit au bureau de bienfaisance, soit aux hospices Saint-Julien et Saint-Stanislas, soit à la maison des orphelines.

Peu de temps avant sa mort, n'ayant plus rien à donner, il fit vendre les broderies de son dernier uniforme et, aux reproches que lui faisait un de ses neveux de n'avoir pu conserver ce souvenir à ces enfants, il répondait avec cette simplicité que l'on retrouve dans tous les actes de sa vie :

« Je vous l'aurais donné volontiers, mais j'aurais craint que vos enfants, en voyant l'uniforme de leur oncle, ne fussent tentés d'oublier une chose qu'ils doivent se rappeler toujours, c'est qu'ils sont les petits fils d'un boulanger. »

Drouot mourut le 24 mars 1847, dans sa soixante-quatorzième année. Son désir était qu'on lui fît des obsèques sans pompe, qu'aucun honneur militaire ne lui fut rendu et qu'aucun discours ne fut prononcé sur sa tombe. Il demandait à être enterré dans le cimetière de Préville à côté de ses parents et que, sur la dalle funéraire, on ajouta seulement ces mots :

3° Leur fils aîné, le général Drouot, né à Nancy, le 11 janvier 1774, décédé le... »

« Ma volonté est que rien ne soit ajouté, ni au monument, ni aux inscriptions, et qu'aucun autre monument ne soit élevé pour conserver ma mémoire. »

Les intentions de Drouot ne furent exécutées qu'en partie. A la nouvelle de sa mort, toute la ville de Nancy s'émut et des funérailles imposantes et magnifiques lui furent faites, dans lesquelles le préfet rompit seul le silence pour lui adresser un dernier adieu au nom de la France. Mais, une souscription s'ouvrit et en 1855 la statue de Drouot, due au ciseau de David d'Angers, s'éleva sur le cours Léopold.

Drouot eut mieux que les discours qu'on aurait pu prononcer sur sa tombe. Le père Lacordaire, avec sa parole éloquente, prononça du haut de la chaire une oraison funèbre dans laquelle il résumait ainsi la vie du vaillant homme de guerre :

« Soldat sans tâche, capitaine habile et intrépide, ami fidèle de son prince, serviteur ardent et désintéressé de la patrie, solitaire stoïque, chrétien sincère, humble, chaste, aimant les pauvres jusqu'à se faire pauvre lui-même ; l'homme enfin le plus rare, sinon le plus accompli, que le xixe siècle ait présenté au monde dans la première moitié de son âge et de sa vocation. »

A ces paroles du grand dominicain, nous ne

saurions rien ajouter et il nous reste seulement
à penser qu'en accordant un de ses prix
Montyon à l'auteur des *Grands Artilleurs*,
l'Académie française a eu non seulement en
vue de récompenser une œuvre pleine de
patriotisme, conçue avec talent et écrite dans
un excellent style, mais qu'elle a songé que
cette distinction viendrait se reporter aussi
sur le guerrier philosophe et chrétien dont
elle rappelait la vie et qui aurait eu tant de
titres à figurer sur la liste des lauréats du
Prix de Vertu.

XI

JULIEN LE PAULMIER

ET

Son Traité sur le Vin et le Sidre

Causerie faite le 22 Décembre 1895
à la Société d'Horticulture de Compiègne

Mesdames, Messieurs,

Vous m'accuserez peut-être de témérité d'avoir pensé à venir vous parler du Cidre, de sa fabrication et de son usage, moi qui ne suis ni horticulteur, ni agriculteur, pas même fabricant de cidre et très médiocre buveur de cette boisson.

Je ne puis m'empêcher, en prenant la parole, de penser aux mésaventures d'un célèbre explorateur de l'Afrique, l'américain Stanley, qui, à ses débuts dans la presse, fut chargé de la chronique agricole dans un grand journal des Etats-Unis, où il expliqua sérieusement à ses lecteurs que les navets et les carottes poussaient sur des végétaux à haute tige, et, je crois, même qu'il existait une variété de l'*Arbre-à-Pain*, qui portait comme fruits des brioches toutes chaudes ; je n'irai pas aussi loin et je ne vous dirai pas que, comme les pommes de terre, les pommes à cidre se recueillent dans le sol ainsi que les truffes, mais si vous ne croyez pas à mes assertions, vous ferez comme le Directeur du journal de Stanley, vous m'engagerez à retourner à mes bouquins comme un rat de bibliothèque que je suis.

Aussi est-ce au point de vue historique surtout que je viens vous parler du Cidre, de son histoire et de son premier historien, croyant que, dans une société comme la nôtre, chacun doit essayer d'apporter son contingent, les uns exposant leurs théories, d'autres faisant connaître ce que leur a appris une longue pratique du jardinage, d'autres encore vous initiant aux découvertes nouvelles de la science et vous montrant comment on arrive à perfectionner, à créer en quelque sorte, ces espèces nouvelles, ces plantes de vos jardins, ces fleurs de vos serres, ces fruits de vos vergers et ces légumes de vos potagers dont chaque mois vous apportez de nouveaux spécimens sur ce bureau, pour les soumettre à l'appréciation éclairée de vos confrères, à la critique toujours si érudite de votre savant et aimable professeur.

Bien qu'il ne soit pas chez nous comme en Normandie, la boisson à peu près exclusive, le cidre est assez répandu dans le nord de l'arrondissement de Compiègne, notamment dans les cantons de Noyon et de Lassigny, ainsi que dans une partie des départements de la Somme et de l'Aisne.

Toutefois, nous ne voyons pas en ce moment nos rues comme celles de Caen que je trouvais il y a peu de jours à demi-barrées par les pressoirs mobiles et les concasseurs, les baquets et les autres outils qu'apportent les ouvriers qui viennent s'installer devant les maisons, broyent dans des cuves les pom-

mes déjà à moitié fermentées, les écrasent
dans des cylindres et finalement les empilent
sur le pressoir en couches séparées par des
lits de paille, régulièrement formées et rognées
au couteau comme s'il s'agissait de quelque
gâteau aux tranches séparées par des confi-
tures. Un grand tour de vis sur la plaque carrée qui pèse sur cette composition et, sous
l'influence de la presse, le jus de la pomme
coule dans les baquets, dans les tonneaux et
quelque peu aussi dans la rue.

Malgré la vigilance de quelques vieillards
coiffés d'un képi portant l'incription SALU-
BRITÉ, les rues sont encore plus sales pendant
la fabrication du cidre que dans le reste de
l'année ; on parle de la malpropreté des mar-
seillais et des bretons, nous voudrions pouvoir
garder le silence sur ce que nous voyons dans
les principales voies de Caen et aussi dans ces
vieilles cours situées au fond de noires impas-
ses et qui recèlent de délicieuses lucarnes, de
charmants escaliers de la Renaissance et sont
remplies d'amas de haillons à faire reculer le
plus hardi des chiffonniers.

Une fois brassé et mis en tonneaux, le cidre
est bu à petits coups par ses propriétaires et
les rues, balayées hebdomadairement, n'en de-
viennent pas plus propres. Ajoutons, dès
maintenant, que la population qui vit dans ce
milieu de décomposition ne s'en porte pas plus
mal et que les gens du bas quartier du Vau-
gueux ont la prétention de vivre autant que
ceux qui sont sur la colline de Vauxcelles.

Mais tout le cidre n'est pas ainsi fait dans la
rue et brassé sous les yeux des bourgeois qui
doivent le consommer. Dans les fermes existent de grands pressoirs dont quelques-uns
sont de superbes bâtiments remontant à une
date ancienne, peut-être au xv siècle dans
quelques abbayes comme nous en trouvons,
par exemple, à Valsery, dans le Soissonnais.
Là se fait la plus grande partie du cidre ; et,

depuis quelques années de vastes établissements industriels se sont installés dans quelques villes avec tout le luxe d'un outillage
nouveau et perfectionné, mais je ne sais si
dans ces *cidreries*, la boisson que l'on fabrique
vaut celle des vieux pressoirs des fermiers.

Ce n'est guère qu'à la fin du xv° siècle que
le cidre devint d'un usage général en Normandie et dans le nord de la France, où il
paraît avoir été introduit de la Biscaye et de
la Navarre où cette boisson était depuis longtemps répandue sous le nom de *pommade*.

Le cidre a été l'objet de nombreux ouvrages, mais le plus ancien et à coup sûr le plus
célèbre, bien qu'à cause de sa rareté on ne
puisse dire qu'il a été le plus répandu, est le
De Vino et Pomaceo, traité en deux livres, publié à Paris, en latin, en 1580, par un médecin normand, Julien le Paulmier ; ce volume
fut traduit en français l'année suivante sous
le titre de *Traité du vin et du sidre*, par son
ami et ancien élève, Jacques de Cahaignes,
professeur et médecin à Caen, connu par diverses autres publications et notamment par
les *Eloges* de ses concitoyens.

Aujourd'hui notre ami M. Emile Travers,
ancien président de l'Académie de Caen et
membre correspondant de la Société historique de Compiégne, vient de donner, pour la
Société des Bibliophiles normands, une nouvelle édition de cette traduction précédée
d'une préface sur la vie et les ouvrages de
l'auteur et d'une analyse du *Traité du vin et
du sidre*.

Ce volume ne tardera pas à devenir aussi
fort rare, car, en dehors du tirage destiné aux
membres de la Société des Bibliophiles, on
n'a réservé pour la vente que quelques exemplaires achetés à l'avance, croyons-nous, par
deux libraires normands bien connus des amateurs, Massip à Caen et Lestringant à Rouen,
exemplaires que vont se disputer les fabri.

cants de cidre et leurs clients, les bibliophiles et les médecins, en un mot, tous les normands, Et encore, si ses débouchés sont aussi étendus que ceux du liquide qu'il est chargé de célébrer, le recherchera-t-on en Bretagne et en Picardie, en Biscaye et en Allemagne et même dans le centre de la France où, sur de nombreuses tables d'hôtels, nous voyons le cidre faire concurrence au vin, même dans les pays de production.

Après avoir dit quelques mots sur la vie de l'auteur, nous parlerons de l'objet de son livre :

Julien le Paulmier appartient à une famille noble du Cotentin qui paraît avoir embrassé le protestantisme dès le commencement de la Réforme. Si on n'a pu déterminer le lieu précis de sa naissance, on peut du moins en fixer la date vers 1520. Après avoir fait ses études médicales à l'Université de Caen, Le Paulmier semble les avoir terminées à Paris où il fut d'abord reçu maître ès arts en 1540, et où il prit le bonnet de docteur en 1556. Médecin de l'Hôtel-Dieu pendant plusieurs années, il se signala par diverses publications, dont un *Traité de la nature et curation des playes de pistolle, harquebuse et autres batons à feu* (1569) qu'il dédia au maréchal de Matignon, son protecteur.

Au moment de la Saint-Barthélemy, Le Paulmier se retira en Normandie, dans les environs de Rouen, et c'est à cette époque qu'il paraît avoir commencé par des expériences sur sa propre personne ses études sur le cidre et les autres boissons; plus tard, il accompagna le duc d'Anjou dans sa campagne de Flandre, et obtint le titre de conseiller et médecin ordinaire de Henri III. Enrichi par deux mariages successifs et par les honoraires que lui avaient valu ses nombreuses cures, il acheta les seigneuries importantes de Ven-

deuvre et de Grantemesnil et mourut à Caen
en 1588 au moment où il achevait la publication de son traité *De Vino et Pomaceo.*

Dès cette époque, il paraît avoir conçu l'idée
de le répandre dans le public d'une manière
plus étendue par une traduction française et il
confia ce soin à son élève Jacques de Cahaignes. Celui-ci paraphrasa plutôt qu'il ne tra-
duisit le livre de son maître et il l'enrichit
d'un certain nombre de remarques, dont les
unes sont le fruit de ses observations person-
nelles, tandis que les autres paraissent être le
résultat des nouvelles réflexions de Le Paulmier, qui mourut pendant l'impression de ce
nouvel ouvrage.

Je passerai sur les premiers chapitres du
livre dans lesquels Le Paulmier établit un
parallèle entre la bière, le vin et le cidre. Il
repousse absolument la première et n'admet
la préférence du vin sur le cidre que pour les
malades qui ont besoin d'être « échauffés et
desséchés ». Quant au cidre, il est bon pour
tous et à tout âge, mais, pour les enfants et les
jeunes gens, il doit être trempé d'eau et c'est
seulement aux personnes âgées de plus de
cinquante ans qu'il est permis de boire de bon
cidre sans eau, « en sobriété toutes fois, tant
excellent soit-il. »

Si les procédés de fabrication n'ont guère
changé depuis trois siècles et s'ils se bornent
surtout à des perfectionnements dans les appareils, et à une meilleure disposition des machines et de leurs rouages, il est un point fort
intéressant que traite Le Paulmier avec de
grands détails, c'est le choix des pommes. Il
n'en énumère pas moins de soixante-quatre
espèces, et ce n'est pas un des moindres intérêts de la préface de M. Travers que cette liste
remise par lui en ordre alphabétique et dans
laquelle il s'est livré, à l'aide des travaux de
M. de Brébisson et de Louis Dubois, à une
identification de ces variétés, désignées le plus

souvent sous des noms vulgaires, et qui parfois ne sont pas les mêmes dans des localités différentes et éloignées seulement de quelques lieues.

Nous y trouvons aussi avec leurs qualités et leurs provenances, car il en est des crus de cidres comme des crus de vins, l'Acoup-Venant, la Pomme d'Adam, l'Amelot, l'Amer-Doux, l'Ameret ou Dameret et le Bequet avec lequel il offre de grandes ressemblances, la Barberie ou Biscaye, produit des greffes introduites du pays basque, au commencement du XVIe siècle, dans le Cotentin par Guillaume Dursus, qui y acheta le fief de Lestre et dont les greffes prirent le nom de *greffes de Monsieur de Lestre* et même simplement de *greffes de Monsieur*, le Capendu et le Coqueret, le Blanc-Doux, le Freschin, encore très estimé de nos jours, l'Hérouet, le Marin-Onfroy, très répandu dans toute la Normandie et l'Ouest, le Muscadet, « le plus plaisant à boire et qui ne ressent aucunement la pomme, réjouit et nourrit autant que le vin pour le moins », l'Ozane, la Peau de Vieille, la Roussette ou Oignonnet, le Trochet, le Saint-Gilles, le Tard-Fleury, et le Varaville, j'en passe et non des moins bons.

Le Paulmier ne laisse pas que de parler aussi du poiré, mais il est loin de le priser autant que le cidre. « Le meilleur poiré, dit-il, n'est pas moins éloigné de l'excellence des meilleurs cidres qu'est la meilleure bière des bons vins. »

Aussi ne le permit-il aux hommes d'état et de lettres qu'au premier tiers du repas. Mais il le recommande aux goutteux, avec modération toutefois, car « l'ivresse produite par le poiré est plus longue et beaucoup plus fâcheuse que celle du vin ou du cidre. »

Cahaignes, en commentant ce chapitre, a donné des indications utiles sur les espèces de poires qui sont employées pour faire cette boisson et M. Travers a fait un travail analogue à celui que nous avons cité, en dressant la liste des poires avec les identifications actuelles.

Je me ferais honnir par les *bouilleurs de crû* si je ne rappelais que, dès cette époque, on brûlait son cidre pour en faire cette eau-de-vie si estimée encore aujourd'hui dans toute la Normandie sous le nom de Calvados, que l'on apprécie quand on la connaît et dont le petit verre atteint dans les hôtels et les restaurants de Caen des prix que n'obtiennent pas toujours à Paris les plus vieilles eaux-de-vie de la Charente.

Le Paulmier fit mieux que de recommander le cidre comme traitement médicinal dans ses ouvrages, il en fit venir à Paris, en mit en bouteilles, en y ajoutant quelques drogues pharmaceutiques telles que le séné et en fit un élixir qui devait guérir toutes les maladies. Peut-être alla-t-il trop loin dans cette voie, aussi sa conduite lui attira l'envie et la critique de quelques-uns de ses confrères. Guy Patin, notamment qui fut l'un des spirituels, mais aussi des plus malicieux médecins du commencement du XVIIe siècle, en a tracé le portrait suivant :

« Ce Paulmier était un normand qui avait servi Fernel pendant douze ans et qui en récompense le fit passer docteur... C'était le même qui était un normand dessalé et qui avait bon appétit et se vantait ici que Fernel en mourant lui avait commis force secrets, *sed hoc de patriâ* (c'est ici un trait de son pays), car vous savez mieux que moi qu'un homme qui est normand de nation et médecin de profession à deux puissants degrés pour devenir fourbe. »

Quelque soit le jugement porté sur lui par ses contemporains, Le Paulmier a vu juste dans la question de l'emploi du cidre dans la guérison de certaines maladies et notamment des affections des reins et de la vessie.

Un médecin caennais de grand mérite, le docteur Denis-Dumont, mort il y a peu d'années, a remis en valeur les vertus curatives du cidre et il a jugé favorablement en ces termes l'œuvre de son devancier :

« Cet ouvrage, écrit il y a plus de trois cents ans, est plein de vues ingénieuses, d'appréciations justes, de préceptes excellents et qui frappent d'une pénible surprise quand on songe aux préjugés de tout genre et aux détestables pratiques que nous conservons encore malgré ces trois siècles écoulés.

« Le vieux livre n'a qu'un défaut, celui de faire du cidre une boisson incomparable, une espèce de panacée, douée de toutes les vertus ; exagération excusable, en somme, de la part d'un homme qui, pour combattre une foule de préventions ridicules, avait à lutter contre la Faculté tout entière. »

Il est un autre nom normand qui a plus d'une fois tenté ma plume en écrivant ces lignes, c'est celui du sire de Gouberville qui, dans la seconde partie du XVIe siècle, a fait faire de grands progrès à l'agriculture et à l'horticulture. Si vous vous êtes intéressés à Julien le Paulmier, je vous demanderai une autre fois la permission de vous parler de ce gentleman-farmer qui a laissé un curieux journal et que M. Eugène de Beaurepaire a su faire revivre dans une étude des plus attachantes.

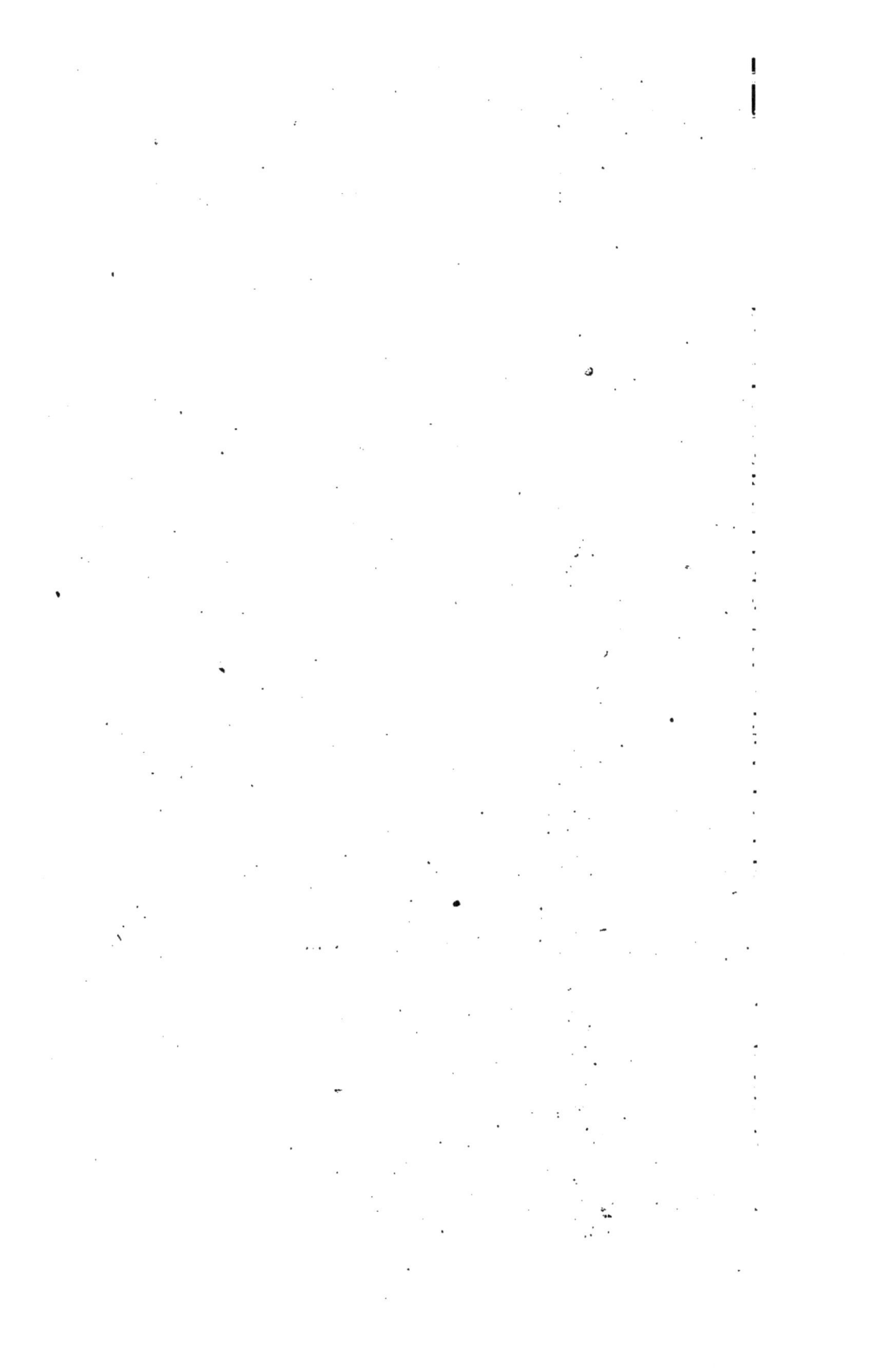

COMPTE-RENDU DES TRAVAUX

DE LA

Société Historique de Compiègne

pour l'année 1895

L'année 1895 méritera de rester dans les annales de notre Société, car elle a été marquée par plusieurs faits importants, mais, avant tout, nous devons rappeler que c'est le 15 mars qu'un décret du président de la République, rendu en Conseil d'état, nous a accordé la reconnaissance d'utilité publique, c'est-à-dire la personnalité civile, situation à coup sûr fort enviée parmi les compagnies similaires de la nôtre. Aujourd'hui, nous pouvons, en effet librement recevoir des libéralités ou des legs, posséder des valeurs et des immeubles, mais ce dernier genre de propriété n'est généralement pas un avantage pour une Société savante, à moins qu'on ne soit l'Institut et qu'on ne vous donne ainsi le château de Chantilly. C'est, vous ne l'ignorez pas, Messieurs, grâce à la bonne administration de la Société, grâce à l'importance et au caractère sérieux de vos travaux, grâce aussi aux démarches et à la persévérance de M. le Président Sorel que nous avons obtenu la personnalité civile et vous avez tenu à lui en témoigner votre gratitude et à y associer ses collègues du bureau, par le vote par lequel vous avez continué au nouveau Conseil d'administration les fonctions du bureau et des commissions.

L'année, du reste, avait bien débuté pour nous et, dans la première séance, vous avez vu revenir un prince de l'Eglise, le cardinal **Lecot**, qui fut autrefois votre président et qui, venu reprendre sa place au milieu de vous, était heureux d'encourager par sa présence ses anciens confrères, aux travaux desquels il ne cesse de s'intéresser.

Ces travaux ont été nombreux et je vais essayer de vous les rapporter sommairement en les passant en revue dans l'ordre chronologique de leurs sujets.

Les études préhistoriques, qui ne comptent parmi nous qu'un petit nombre d'adeptes, n'ont donné lieu à aucune communication, c'est une lacune que nous devons d'autant plus regretter que plusieurs de nos confrères pourraient puiser dans leurs collections les éléments d'études intéressantes et ne pas laisser sur les cartes préhistoriques une lacune qui tendrait à faire croire à une pauvreté qui n'est qu'apparente ; c'est là notre centre de l'Afrique, notre *terra incognita*.

Il n'en a pas été de même de la période gallo-romaine et M. Cauchemé a continué à tenir sa promesse en vous entretenant des sépultures gallo-romaines dans la forêt de Compiègne et particulièrement de celles du Mont-Berny, du Mont-Chipray et de Champlieu; notre confrère achève de réunir ses notes et ses dessins et grâce à lui, nous pouvons espérer de reconstituer l'aspect de notre district forestier dans les premiers siècles de notre ère.

Les découvertes franques sont toujours assez nombreuses dans notre pays, malheureusement nous n'en sommes pas toujours informés en temps utile, nous pouvons en signaler toutefois à Boulogne-la-Grasse et à Baugy, où notre confrère, M. le marquis de Thulsy, a invité quelques-uns d'entre nous à venir assister à la mise au jour de trois sépultures, dont les corps étaient conservés entiers, mais dont le mobilier funéraire ne se composait que d'un modeste vase en terre.

La publication du Cartulaire de Saint-Corneille, que poursuit M. l'abbé Morel, et dont la seconde livraison est presque entièrement imprimée, n'absorbe pas complètement notre laborieux confrère. Indépendamment d'une histoire du château du Fayel, dont j'aurai à parler plus loin, il nous a donné la suite de ses recherches sur le mouvement communal : l'an dernier, il nous faisait connaître la fin de la mairie de Pontpoint ; il vient de rédiger, pour le Congrès des Sociétés savantes, un nouveau travail sur la commune de La Neuville-Roy. Nous lui devons aussi de curieuses notes sur l'ancienne liturgie locale inspirées par des inscriptions conservées à Verberie et à La Croix-Saint-Ouen.

Un de nos correspondants, M. Joseph Depoin, vous a signalé plusieurs documents du moyen âge et notamment une charte de Philippe le Bel adressée à son chevalier Etienne de Compiègne, personnage dont la biographie est à faire.

M. Méresse aimait à nous choisir quelque charte dans sa riche collection ; il la lisait, la commentait savamment et il est à regretter que le soin méticuleux qu'il apportait à ses études n'ait pas permis au confrère, que nous regrettons, de nous en communiquer un plus grand nombre ; sa dernière lecture a eu pour objet, le don d'une vigne à l'abbaye de Saint-Corneille.

Vous connaissez de longue date deux ecclésiastiques qui ont pris une part active aux travaux des Sociétés savantes de l'Oise et notamment à ceux du Comité archéologique de Senlis : M. l'abbé Vattier et M. l'abbé Muller.

Le premier est devenu votre concitoyen et il a
payé sa dette de bienvenue, par deux communications : l'une sur le lutrin de l'église de
Cuvilly ; l'autre, sur un ancien palmarès du
collège de Compiègne ; le second, aujourd'hui
curé de la belle église de Saint-Leu-d'Esserent,
profite de ses loisirs pour poursuivre ses excursions archéologiques et à une de nos dernières séances, il a commencé à vous retracer
son voyage de Crépy à Compiègne, mais les
édifices de la vallée d'Autonne sont nombreux,
beaucoup d'entre eux sont intéressants et
dans une première étape, il n'a pu gagner
que Béthisy. Vous serez heureux de le voir
réaliser sa promesse de continuer pour vous
ce récit de voyage plein d'observations curieuses et de rapprochements nouveaux.

La démolition d'une partie des anciens bâtiments du Collège aurait pu amener d'intéressantes découvertes, il n'en a malheureusement
pas été ainsi ; quelques sépultures de date
assez récente ont été seules rencontrées sous
le sol de la chapelle ; toutefois, M. Blu, dont
on ne saurait trop signaler le zèle pour l'accroissement du musée Vivenel, dont il est le
conservateur, a été assez heureux pour recueillir quelques carreaux vermissés du
moyen âge, dont il vous a soumis les dessins.

On a trouvé dans les dépendances de la
maison de garde établie dans les bâtiments de
l'ancien prieuré de Saint-Nicolas de Courson
une vasque circulaire en pierre, ayant sans
doute servi de bénitier et que décore exté-
rieurement un écusson du XVIe siècle, sus-
pendu à une boucle et portant trois porcs
épics ou trois sangliers contournés, M. Molle-
veaux a bien voulu offrir ce fragment pour le
musée et chacun s'est efforcé d'interpréter les
armoiries qui le décorent. Mme Le Féron
d'Eterpigny vous a notamment présenté à ce
sujet d'intéressantes observations appuyées
sur des documents.

Avant de quitter la forêt, rappelons que M. Méresse vous a donné des renseignements sur son exploitation au XVIe siècle, renseignements qui ont appelé de judicieuses critiques de M. Mollevaux, qui a montré les inconvénients de cet aménagement.

M. A. Bazin a achevé la lecture de son travail sur Compiègne pendant l'invasion espagnole, qui est devenu en quelque sorte une histoire de notre ville sous Louis XIII et pendant la minorité de Louis XIV. Ce volume, publié à part sous les auspices de la Société, est prêt à vous être distribué. Notre confrère vous a communiqué aussi une curieuse notice sur Oudart de Sabinet, l'une des vingt-cinq gentilshommes de la Manche, qui acheta l'office de greffier de la ville, mais n'exerça pas cette charge par lui-même.

Qu'il me soit permis d'indiquer ici la notice que j'ai consacrée à Simon Bolé, fils d'un paysan de Saint-Léger et à son fils le marquis de Chamlay qui joua un rôle considérable dans l'organisation militaire sous Louis XIV.

J'en aurai fini avec le dix-septième siècle quand j'aurai signalé une vue de Compiègne en 1675, dont M. Meuraine nous a offert une photographie exécutée par lui.

Mon ami, M. le baron de Bonnault, est un grand voyageur, mais il me permettra de le dire, un voyageur d'une espèce particulière ; il aime à s'écarter de sa route, recueillant ici un croquis, là une anecdote ; tel était certainement aussi le Père Postel, ce prémontré amiénois, qu'il nous a montré allant à Triel faire un achat de vins pour son couvent, et qui faillit être pris à Beauvais pour un capitaine recruteur.

Des étiquettes de pharmacie, telles sont les jolies gravures qui constituent l'apport de M. Z. Rendu, planche finement gravée de la fin du XVIIIe siècle, pauvre cuivre trouvé dans des débris et sauvé par lui du marteau du chaudronnier. Son propriétaire a bien voulu nous le confier et nous ferons reproduire à votre intention ces jolies vignettes de la pharmacie de notre ancien Hôtel-Dieu.

Les premières études historiques de M. le président Sorel ont eu pour objet la Révolution. A Paris, il écrivait son Massacre des Carmes et sa biographie de Maillard ; ici il nous a donné le procès des carmélites, les changements de noms des rues et Bertrand-Quinquet. Cette année, sans abandonner pourtant Jeanne d'Arc, dont il nous a décrit les diverses représentations artistiques aux Expositions, il a rouvert ses vieux cartons et en a tiré une série de notes sur les fêtes révolutionnaires à Compiègne. Nous avons eu la préface et la fête commémorative du 10 août, mais nous réclamerons le suite.

M. Garand continue sa revue des œuvres d'art du palais de Compiègne ; il a fort à faire, car il nous a avoué que son inventaire devait comprendre plus de 23.000 numéros. Tous, il est vrai, n'offrent pas le même intérêt que le bizarre assemblage de bronze doré, de biscuit de Sèvres, et d'horlogerie, éclos sous le règne de Louis-Philippe et qu'il a baptisé du titre sensationnel de *Pendule funèbre*.

Etendant le cadre de ses recherches sur la guerre de 1870-71, M. Benaut nous a communiqué et a publié dans la *Gazette de l'Oise*, les récits d'un maire des environs de Soissons et il continue son travail qui comprend maintenant l'histoire de l'arrondissement de Compiègne pendant l'*Année terrible*.

Après vous avoir rappelé la communication sommaire que j'ai cru devoir vous faire sur la lithographie à Compiègne, Aubry-Lecomte, Prat et Deligny, à propos de l'Exposition de lithographie récemment ouverte aux Champs-de-Mars, j'ai encore à vous parler, parmi les travaux présentés à nos séances, de divers rapports sur des ouvrages offerts : par M. Benaut, sur la Monographie du canton de Liancourt, de M. Baras, par votre secrétaire, sur la Maison de Caix, du vicomte de Saint-Aymour et sur l'Inde et la Guerre Anglo-Russe, de M. le commandant Palat, etc., etc., de communication de M. l'abbé Marsaux sur divers documents inédits et de M. Francis de Roucy, sur des impressions compiégnoises, offertes par lui à la Bibliothèque.

J'espérais que ma tâche serait finie avec cette énumération de nos *travaux écrits*, mais je vois qu'il n'en est rien et qu'il me faut maintenant parler de nos *actes*.

La Société, saisie par M. Lequint de son projet d'élever une statue au major Othenin et sollicitée par lui de prendre en mains l'exécution de ce projet, a hésité d'abord avant d'assumer cette responsabilité. La tâche est lourde en effet et ce n'est qu'après y avoir mûrement réfléchi et avoir donné au projet de M. Lequint une plus grande extension dans son but et une moins grande dans son exécution qu'elle s'est décidée. Au lieu d'une statue, le monument se composerait d'une pyramide décorée d'un buste d'Othenin et d'attributs ; au lieu d'être uniquement consacré au major Othenin, il aurait pour but de glorifier la défense de Compiègne contre les alliés en 1814. La Société a demandé à la ville de lui concéder un emplacement pour l'érection de ce monument et elle reste forcément dans l'inaction, en attendant la décision du Conseil municipal.

Plus facile, plus rapide sera l'exécution du désir exprimé par M. Benaut de placer à l'église de Rivecourt une plaque commémorative de la mort du grand Ferret, le héros populaire, qu'à la suite d'une de nos excursions, M. Garand a célébré dans une pièce empreinte d'une chaleureuse émotion, dont vous avez eu la primeur. Au printemps, Rivecourt sera le but de notre première course et nous inaugurerons le marbre consacré à celui que ses contemporains ont surnommé *la Terreur des Anglais.*

Je tromperais sûrement votre attente si je ne vous disais que, cette année comme les années précédentes, des délégués de la Société historique ont pris une part active au Congrès des Sociétés savantes à la Sorbonne, ainsi qu'au Congrès archéologique de France à Clermont-Ferrand et que plusieurs d'entre eux ont franchi la frontière pour assister au Congrès historique et archéologique de Belgique à Tournai.

La Société a fait deux excursions ; la première qui avait pour but le château de Chantilly, dont Monseigneur le duc d'Aumale avait daigné autoriser la visite et à laquelle les membres de la Société avaient été conviés avec leurs familles, a eu un succès considérable. En effet, près de cent personnes, quatre-vingt-dix-huit, pour être exact, suivaient notre président dans les galeries et dans les jardins et admiraient ces œuvres d'art incomparables dont la libéralité du duc d'Aumale a doté la France, en donnant à l'Institut le domaine des Condé. A la séance qui a suivi cette visite M, le président Sorel a résumé dans une conférence l'histoire du château de Chantilly, dont il a écrit, il y a quelques années, l'un des épisodes les plus dramatiques.

La seconde, qui réunissait près de quarante personnes, nous a permis de visiter Remy, Grandfresnoy, Chevrières, Longueil-Sainte-Marie, et le Fayel. Le beau château des La Motte-Houdancourt était le but principal de notre excursion et nos confrères, le baron et la baronne Creuzé de Lesser, nous y ont reçus de la manière la plus aimable, nous guidant dans les appartements de l'édifice attribué à Mansart et nous en faisant apprécier les richesses historiques.

Par une attention, dont nous tenons à le remercier de nouveau. M. le baron de Lesser avait tenu à offrir à chacun des membres de la Société une histoire du Fayel, rédigée par M. l'abbé Morel et qui a pris place parmi nos publications extraordinaires.

Une troisième excursion avait été projetée afin de visiter la splendide exposition rétrospective organisée à Reims, par les soins de l'Académie nationale de Reims, mais le temps nous a manqué, toutefois un certain nombre d'entre nous ont pu aller isolément admirer les trésors artistiques réunis dans les salons de l'Archevêché.

Outre *le Château du Fayel* et le troisième volume des *Procès-verbaux*, les membres de la Société ont reçu en 1895 le huitième volume du *Bulletin;* en 1896, nous nous proposons de leur distribuer *Compiègne pendant l'invasion espagnole*, le quatrième volume des *Procès-Verbaux*, le second fascicule du *Cartulaire de Saint-Corneille* et nous espérons ajouter quelque surprise à ces volumes.

Pourquoi nous faut-il terminer par une triste revue cet exposé où jusqu'à présent tout nous a paru souriant.

Six de nos membres titulaires sont morts dans le courant de l'année, MM. Célestin Lagache, Jules Tassart, le docteur Lesguillons, Florimond Séré, le comte Léon de Béthune et Charles Méresse, ainsi que trois de nos correspondants, MM. Ancelet, Anatole de Montaiglon et le général de Brécourt.

Toutes ces pertes ont été vivement ressenties par nous, mais il en est deux qui nous ont plus cruellement frappé. Deux de nos anciens présidents, deux de ceux que nous comptions parmi nos membres les plus actifs, MM. le docteur Lesguillons et Charles Méresse, figurent sur cette liste.

M. le président Sorel leur a dit, en votre nom, un dernier adieu, dans ce style élevé et avec cette profonde émotion que l'on retrouve dans tout ce qui sort de sa plume.

L'année ne fait que commencer et déjà nous

svons un nouveau deuil à enregistrer, M. Adrien
Boitel de Dienval, qui a été vice-président de
la Société, est venu mourir au milieu des siens,
à quelques pas de la maison où s'étaient écou-
lées les années de son enfance. C'était un
homme de bien, un officier distingué et un
savant consciencieux dont nous garderons aussi
le souvenir.

Quinze membres nouveaux sont venus prendre sur nos listes les places laissées vides par
le décès de ces confrères et par le départ de
quelques autres. Espérons que, suivant l'exemple de leurs prédécesseurs, ils nous apporte-
ront un utile concours ; le champ de nos recherches, quelque limité qu'il soit, est encore
assez vaste pour que nous puissions affirmer
que tant qu'il y aura des travailleurs de bonne
volonté, la besogne ne leur manquera pas.

XIII

LES LE PELLETIER

En consacrant dernièrement une série d'articles à l'ouvrage de M. le commandant Girod de l'Ain, *Les Grands artilleurs*, j'y joignais quelques renseignements sur le général baron de Seroux du Fay dont la famille est de Compiègne ; aujourd'hui on veut bien me communiquer un volume qui vient de paraître et qui, sous le titre d'*Une famille d'artilleurs* (1), nous donne l'autobiographie d'un autre officier général de la même arme, son devancier, qui, bien que né lui aussi hors de notre pays, l'a habité ai l que les principaux membres de sa famille ; artilleurs également, ceux-ci ont possédé pendant plus de cent cinquante ans la terre du Soupiseau, à Saint-Sauveur et d'autres seigneuries dans les environs de Compiègne, notamment le fief de Liancourt à Sarron, Glatigny-sur-Autonne, dans la paroisse de Béthisy-Saint-Pierre et se sont alliés aux principales familles de notre ville, les Le Féron, les Le Caron, les Esmangart, etc.

Louis-Auguste Le Pelletier, seigneur de Glatigny, l'auteur des *Mémoires* qui viennent

---

(1) **Une famille d'artilleurs**. Mémoires de **Louis-Auguste Le Pelletier**, seigneur de Glatigny, lieutenant-général des armées du Roi, 1696-1769, avec cinq portraits et un fac-similé d'ancienne gravure. Paris, librairie Hachette, 1896, in-8, **XXVI**-184 p.

ner des renseignements biographiques sur son père et sur son grand'père, qui, le premier vint se fixer dans notre pays. M. de Périgny, à qui nous devons cette publication, a complété son œuvre en fournissant, dans une préface et dans des annexes, des indications qui continuent à nous donner l'état de cette famille jusqu'à nos jours.

Nous analyserons très sommairement la partie des *Mémoires* qui concerne la carrière militaire de L.-A. Le Pelletier, et nous nous arrêterons plus volontiers sur les détails qu'il nous donne sur la vie et les familles de Compiègne au XVIIIe siècle.

Le premier des Le Pelletier que mentionnent les *Mémoires* est Michel, écuyer, seigneur d'Ouville, né à Chartres en 1614, qui entra dans l'artillerie comme commissaire ordinaire en 1633 et parvint, en 1662, à la charge, alors fort élevée, de *garde général*, la première après celle de grand maître.

Marié en 1649, il s'établit en 1668 à Saint-Sauveur où il acheta quelques terres et une maison, d'un sieur de Laistre, garde d'artillerie. Il est à remarquer, à ce propos, qu'à cette époque, dans le corps de l'artillerie, tout se passait en quelque sorte en famille, Le Pelletier avait épousé la fille de Pierre Charlot, comme lui commissaire d'artillerie, c'est à un garde de cette arme qu'il achetait une terre et nous verrons au cours de cette étude que fort souvent les mariages de ces officiers se font avec les filles de leurs camarades.

Michel Le Pelletier mourut à Saint-Sauveur, le jour de Noël 1689, ayant servi cinquante-quatre ans et s'étant trouvé, d'après le détail qu'il en a lui-même dressé, à 75 sièges, 11 batailles et plusieurs autres occasions de guerre. C'était un homme de grande énergie et son petit-fils en rapporte plusieurs traits d'audace parmi lequels nous choisissons celui-ci :

« Une autre fois que Le Pelletier revenait de la guerre avec son ami M. de Camlers, commissaire d'artillerie, il apprit à Soissons qu'un capitaine de cavalerie dont la compagnie avait été réformée à la paix, avait débauché une partie do ses cavaliers et qu'ils s'étaient mis à piller et à voler, de sorte que les chemins n'étaient pas libres et qu'il faisait très dangereux d'aller plus loin. Plusieurs maréchaussées s'étaient jointes pour prendre ces gens, mais elles avaient été mises en déroute. Néanmoins les deux officiers d'artillerie s'hasardèrent d'aller chez eux voir leurs familles qui étaient à Saint-Sauveur, à sept ou huit lieues de là. Ils laissèrent seulement à Soissons leurs valets et équipages, et résolus et bien montés, connaissant le pays et prêts à se défendre en cas d'aventure, ils poursuivirent leur route. Ils n'étaient pas à deux lieues de Soissons qu'ils virent venir de loin deux cavaliers qui avaient en trousse beaucoup de hardes et qu'ils reconnurent au portrait qu'on leur en avait fait, pour être le capitaine et son lieutenant. Ils prirent aussitôt la résolution d'attaquer les premiers, voyant bien que s'ils suivaient leur route, ils ne manqueraient pas de tomber dans une plus grande bande. Ils allèrent donc jusqu'à ces hommes et tout à coup, s'écartant à droite et à gauche de la chaussée, et mettant le pistolet sous la gorge des voleurs, ils les arrêtent, leur font mettre pied à terre et les conduisent à Soissons en les veillant de près. Ce fut une grande joie dans le pays que la prise de ces gens-là ; les deux voleurs furent roués et brûlés, parce qu'ils avaient pris beaucoup de vases sacrés. »

Michel laissa un fils et une fille. Celui-ci, Laurent-Michel, né à Paris en 1655, servit aussi avec distinction dans l'artillerie et y parvint à la charge de lieutenant-général dans la province de Bretagne, office dont la finance était considérable, mais qui rapportait 10.000

livres de revenus. Il serait trop long d'entrer dans l'exposé de l'organisation de l'artillerie à cette époque où ce corps n'avait pas encore une constitution régulière. Il en fut ainsi, du reste, jusqu'au milieu du règne de Louis XV et nous nous perdrions à vouloir faire ressortir les différences qui existaient entre les charges de l'artillerie, le royal-artillerie, les bombardiers, les rouges et les bleus, etc.

Sans avoir une carrière aussi brillante que celle que venait de parcourir son père et que celles qui étaient réservées à ses fils, Laurent-Michel Le Pelletier joua un rôle important dans l'organisation de l'artillerie pendant les guerres de Louis XIV, de 1672 à 1704. Ses services lui valurent la croix de chevalier de Saint-Louis. De son mariage avec Geneviève de Grésillemont, fille d'un commissaire-ordonnateur des guerres, Laurent-Michel eut quatre enfants, dont il nous reste à parler, et dont l'aîné, Louis-Auguste, né en 1696, à Mont-Royal — vaste camp retranché élevé par ordre de Louis XIV dans une presqu'île de la Moselle, entre Trèves et Coblentz, fut rasé après la paix de Riswick — est l'auteur des *Mémoires* qui nous ont fourni le motif de cette étude.

Il est peu de carrières militaires aussi longues en apparence que celle de Louis-Auguste Le Pelletier, car, dès l'âge de quinze jours, il fut, par l'ordre du duc du Maine, grand-maître de l'artillerie, qui avait été son parrain, inscrit sur les contrôles de l'artillerie comme l'un des 101 commensaux et privilégiés de ce corps ; mais il est inutile d'ajouter que c'était un simple moyen de donner une gratification à son père ; il en fut de même de sa nomination à l'âge de neuf ans comme enseigne de la colonelle de Royal-Roussillon et même de son entrée comme officier *pointeur* l'année suivante dans l'équipage de l'artillerie de Bretagne. Notre officier n'en fut pas moins mis au col-

lège de La Marche où il fit ses études jusqu'à
dix-huit ans, il n'en avançait pas moins.
il était devenu commissaire extraordinaire et
à la mort de son père en 1714, il était titulaire
de la charge héréditaire de lieutenant-général
de l'artillerie de Bretagne. Mais, comme il fut
jugé trop jeune pour en exercer les fonctions,
il n'en eut que le titre et l'exercice en fut
donné à un officier de mérite, le chevalier de
Jaucourt, brigadier des armées et ancien lieutenant d'artillerie.

Ces charges furent alors remboursées en
billets qui, pour la plupart, servirent à acheter des actions de la banque de Law et,
comme tant d'autres, la famille s'y trouva
cruellement éprouvée, ayant manqué l'occasion de placer une partie de cet argent dans
l'acquisition de la terre de Jaux, qui appartenait alors à la maréchale de la Ferté.

La famille Le Pelletier était revenue se fixer
à Saint-Sauveur où la veuve de Laurent-Michel
vivait avec ses trois fils et sa fille ; ceux-ci
employaient leur temps à chasser beaucoup, à
lire un peu et à s'ennuyer extrêmement d'être
toujours à attendre leur remplacement. Enfin,
le lieutenant-général de Saint-Hilaire donna
le conseil de les envoyer comme élèves à
l'Ecole d'artillerie de La Fère où ils pourraient
acquérir une instruction professionnelle qui
leur faisait absolument défaut. Le conseil fut
suivi et il était bon, puisque deux des Le Pelletier parvinrent aux grades les plus élevés de
l'armé française et que le troisième Le Pellé-
tier de Prévalon n'aurait pas manqué de faire
également son chemin, s'il n'avait quitté l'armée pour entrer dans la Congrégation de
l'Oratoire. Sa santé, toutefois, ne lui permit
pas d'y rester et il vint se retirer à Saint-Sauveur « où il vit tranquillement en philosophe
et en chrétien, j'ajouterais volontiers, écrivait
son frère, en saint, plus heureux que nous
tous, qui avons suivi la carrière du monde,

des dignités et honneurs, où je n'ai trouvé que vanité et affliction d'esprit. »

On ne passait pas tout son temps à l'école, les congés étaient fréquents et nos jeunes officiers revenaient au foyer maternel et aussi au gibier de la forêt. Mais on sait combien à cette époque les lois sur la chasse étaient sévères même pour les gentilshommes. Louis-Auguste, qui paraît avoir eu beaucoup de goût pour cet exercice, ne se contenta pas d'une permission toujours révocable et chercha le moyen d'en obtenir le droit. Il le trouva, en levant le plan du château de Saintines, voisin de Saint-Sauveur et qui appartenait au marquis de Vieux-Pont, gouverneur de Douai et en l'offrant à cet officier général, dont la femme était la nièce du duc d'Humières. Celui-ci lui accorda, en 1724, une commission de sous-lieutenant *ad honores* des chasses de la capitainerie de Compiègne. Dès lors, il put chasser en paix, mais ce ne fut pas toujours sans péril, car il rappelle qu'animé d'un beau zèle, il s'attaquait non seulement au gibier, mais aussi aux braconniers et que c'est à Dieu seul qu'il dut de n'y avoir pas attrapé quelque coup de fusil.

En 1727, Le Pelletier fut, en chassant dans le Boquet-Gras, blessé par un sanglier monstrueux qu'il avait touché de deux ou trois coups de fusil ; il faillit rester estropié de cette blessure et manqua d'avoir à la suite de cet acccident d'autres ennuis qu'il raconte ainsi :

« Cette aventure pensa avoir encore une autre suite, c'est que le Roi, venant quelque temps après à Compiègne, les officiers du vautrait, ne trouvant que très peu de sangliers, s'en plaignaient dans l'antichambre du Roi ; alors un bourgeois de Compiègne, qui bayait là en bon picard, coupa la parole à M. d'Ecquevilly, capitaine du vautrait, et lui dit qu'il s'étonnait qu'il ne trouvât pas de sangliers, puisqu'un gentilhomme du voisinage en avait été blessé d'un, il n'y avait pas longtemps. A propos de quoi, M. d'Ecquevilly dit qu'il se plaindrait au Roi de ce que les gentilshommes riverains détruisaient les sangliers, ce qui nous eut fait une affaire. Mais heureusement M. de Villers-Fransure, se trouvant là, le pria de n'en rien faire, que cette aventure était arrivée à un de ses parents, qui n'était pas braconnier, mais officier des chasses, et il n'en fut plus parlé. Voilà comme un bavard tel que mon picard de Compiègne pouvait me causer du chagrin, sans que j'eusse peut-être pu être averti de ce qu'on aurait décidé contre moi. »

En quittant l'école d'artillerie de La Fère, Le Pelletier fut employé à Ham, puis à Saint-Quentin où il fut chargé de reconstruire l'arsenal. Vers cette époque, il songea à prendre femme.

« Le 12 avril 1730, j'épousai à Compiègne, Marie-Jeanne-Françoise Maresse, fille de feu Louis Maresse, écuyer, commissaire des gardes du corps et de Catherine Le Caron. Louis Maresse était filleul du roi Louis XIV et de la reine Anne d'Autriche, sa mère, et avait été tenu par eux en personne, dans la chapelle du château de Compiègne. Il était fils de Mathieu Maresse, écuyer, porte-manteau du roi, maître des eaux et forêt de Cézanne et de Marguerite du Chesne, fils lui-même de Waleran Maresse, écuyer, tué au siège d'Amiens.

« Ma femme avait vingt-trois ans et deux mois et moi trente-quatre ans et un mois. Nous nous mariâmes à la paroisse Saint-Jacques de Compiègne, le lendemain des fêtes de Pasques et le contrat fut passé chez Poultier, notaire. J'étais alors commissaire ordinaire et nos fortunes n'étaient pas bien brillantes. Ce fut M. de Villers-Fransure et Mme le Féron, ma sœur, qui firent ce mariage. Nous fûmes quelque temps après chez ma mère, à Saint-Sauveur, où se firent des fêtes et les habitants furent en armes au devant de nous jusqu'à la forêt. J'étais obligé d'aller de temps en temps à mon bâtiment de l'arsenal de Saint-Quentin, ce qui me déplaisait fort ; je revenais tous les samedis et m'en retournais les lundis.

« Le 2 ou 3 juillet de cette année le roi vint à Compiègne.

« Après notre mariage, Mme Maresse, ma belle-mère, se mit en pension chez nous, ma femme avait avec elle sœur, Mme de Beauval et son mari. (Esmaugart de Beauval, devenu plus tard lieutenant de la capitainerie des chasses).

« Pendant le voyage du roi, nous étions obligés de donner des repas aux officiers du corps et à ceux de la maison de M. le duc du Maine, nous logeâmes quelquefois chez nous M. de Saint-Périer, lieutenant-général et M. du Brocard, ce qui était un service, car, dans ce temps des premiers voyages du roi à Compiègne, on ne trouvait point à se loger. »

Peu de temps après son mariage, Le Pelletier reçut l'avis de sa nomination comme troisième commandant de l'école d'artillerie de Grenoble et il s'y rendit seul, laissant sa famille à Compiègne et à Saint-Sauveur. A partir de cette époque, nous le voyons prendre part à un certain nombre de campagnes : dans la guerre de la succession de Pologne en 1733 et 1734, il fait les campagnes d'Italie ; en 1735, il est envoyé en Allemagne ; en 1739, il prend part à la guerre de Corse sous les ordres de M. de Maillebois et le récit de cette campagne est semé de curieux épisodes ; mais au point de vue militaire, ce qui nous semble offrir le plus d'intérêt, — car à partir du moment où le grade de l'officier s'élève et où la responsabilité s'élargit, l'intérêt augmente naturellement, — c'est l'exposé des sièges de Menin, d'Ypres, de la Quenocke et de Furnes, en 1744, dans la campagne de Flandre ; celui du siége de Fribourg en Brisgau où fut tué son neveu Le Féron, et enfin de la campagne de 1746 en Flandre.

Ces affaires ne sont pas les dernières auxquelles Le Pelletier prit part, car après avoir, de 1747 à 1758, obtenu différents commandants d'écoles et rempli des postes d'inspecteur-général, il fut employé pendant les premières années de la guerre de Sept-Ans et se trouva à la bataille de Clostercamp. En 1761 enfin, il obtint le grade de lieutenant-général et fut chargé de diverses missions sur les frontières de France.

Nous avons dit que les Le Pelletier étaient alliés à plusieurs des plus anciennes familles de Compiègne et des environs.

Ainsi la fille de Laurent-Michel, Marie-Geneviève, épousa en juillet 1720, Joseph Le Féron, chevalier, seigneur de L'hermite, Trosly et Breuil, chevalier de Saint-Louis et maître des eaux et forêts à Compiègne.

L'auteur des *Mémoires* nous donne quelques renseignements sur l'importance de cette charge. « Elle n'était guère alors possédée que par des gentilshommes, et celle de la forêt de Compiègne était une des plus belles, avant qu'il y eut une capitainerie royale des chasses ; le maître des eaux et forêt ayant cette juridiction que M. le marquis d'Humières fit établir et dont il fut le premier titulaire.

« Mon beau-frère, écrit-il, était le septième maître de sa famille, et ses pères tenaient un bel état..... »

Il ajoute qu'il n'eut jamais qu'à se louer de l'amitié qu'eurent pour lui et pour les siens M. et Mme Le Féron, qui, par intérêt pour leur avancement, ont toujours logé chez eux les secrétaires ou « petits ministres » de l'artillerie dans les voyages du roi à Compiègne.

Il chercha à leur témoigner sa reconnaissance de ses services en prenant sous sa pro-

tection leur fils et en le faisant entrer dans le
corps de l'artillerie. Ce jeune homme s'était
acquis une grande réputation de valeur lorsqu'il fut tué la veille de la Toussaint 1744, au
siège de Fribourg, où il avait déjà été blessé
trois fois, en tirant du chemin de la tranchée
sur les officiers ennemis qui, le pot en tête
fusillaient les batteries françaises. « C'était
son dernier jour de tranchée, et il allait
être relevé ; on avait envoyé des dragons pour
tirer sur ces gens-là et on lui dit de descendre
pour leur faire place. Il demanda un fusil
pour tirer seulement encore un coup, et dans
le moment il reçut trois balles dans la tête en
travers de son chapeau déjà criblé : — c'était
un des plus braves et des plus déterminés
jeunes officiers qu'on puisse voir à cet âge-là.
On ne parlait que de son intrépidité et de ses
actions de valeur en nombre de rencontres,
M. le comte d'Eu (grand maître de l'artillerie)
le regretta beaucoup et accorda que mon fils
aîné fût reçut surnuméraire quoiqu'il n'eût
pas l'âge, comme espèce de consolation pour
la perte que nous faisions. »

Les dernières lignes écrites par le Pelletier
quatre ans avant sa mort, en 1765, sont tou-
chantes dans leur simplicité. Il venait de perdre son frère, aussi lieutenant-général, mort à
Metz, et il était arrivé trop tard pour lui dire
un dernier adieu.

« Peu après, le roi vint à Compiègne. Un
jour qu'il était à la chasse près du Soupiseau,
il me demanda quel aage j'avois. Je lui répon-
dis que j'avois soixante-neuf ans et que j'étois
le doyen d'un corps de 11,000 hommes de son
artillerie. — Il répondit que je paraissois encore fort vigoureux et bien verd ; il m'ajouta
qu'il avait fait une perte en feu mon frère. —
Je lui répliquay que mes enfants, mes nepveux
et moy étions encore du mesme nom cinq
actuellement dans son artillerie et trois autres
prêts d'y entrer dès qu'ils auroient l'âge. »

Tous en effet ont tenu l'engagement du vieillard, la famille Le Pelletier a compté dans ses rangs douze chevaliers de Saint-Louis. *L'Annuaire militaire* n'a jamais cessé d'inscrire les noms de quelqu'un d'entre eux et on y trouve aujourd'hui celui de M. Xavier Le Pelletier de Woillemont, capitaine au 77e régiment d'infanterie, le septième descendant en ligne directe de celui qui fut sous Louis XIII commissaire de l'artillerie, dont il mourut garde-général.

Sans entrer dans d'aussi grands détails, nous tenons à dire quelques mots de Michel-Laurent dit le chevalier Le Pelletier, d'après la notice que son frère lui a consacré à la suite de ses mémoires.

Né aussi à Mont-Royal, en 1697, il eut dans ses premières années une existence analogue à celle de son frère dont il fut le camarade d'études et plus tard le compagnon d'armes. Maréchal de camp en 1748, il était devenu lieutenant général en 1757, il reçut en 1761 le cordon rouge, c'est-à-dire la croix de commandeur de Saint-Louis ; commandant en chef de l'artillerie dans plusieurs campagnes et notamment dans l'armée d'Allemagne de 1758 à 1762 où son amitié avec le maréchal de Broglie l'entraîna dans la disgrâce de celui-ci.

Le maréchal disait à son sujet « qu'il aimait bien ses dents, mais qu'il aimerait mieux qu'on lui en arrachât deux que de lui arracher le chevalier Le Pelletier.

C'est à cinquante ans seulement que le chevalier Le Pelletier songea à se marier ; il épousa à Saint-Sauveur, en 1748 Marie-Catherine-Françoise Bertin, fille de M. Bertin, chevalier, seigneur de Dreslincourt, brigadier des gendarmes du roi et de Henriette Maresse, sœur de la femme de son frère aîné, dont il devint ainsi le neveu. Il en eût quatre fils. En 1761, il acquit en Champagne les terres d'Argers et de Woillemont près de Sainte-Menehoult.

Nous ne pouvons suivre la descendance des Le Pelletier, bien qu'elle offre de nombreuses indications pour notre histoire locale par suite de ses alliances avec des familles de Compiègne et des environs et nous nous bornerons à signaler parmi les documents publiés dans l'appendice ceux qui concernent Louis-François Le Pelletier de Glatigny, seigneur d'Aucourt et de Glatigny, troisième fils de Louis-Auguste, né à Compiègne en 1746, qui était lieutenant-colonel en 1791 et reçut sous la Restauration le brevet de maréchal de camp et le titre de baron. Il joua au moment des Etats-Généraux un rôle important dans la réunion de la noblesse du baillage de Crépy et le duc d'Orléans, qui fut élu député, ne l'emporta sur lui que grâce à un subterfuge de son mandataire le comte de Mazancourt.

Dans la descendance du baron Le Pelletier figurent à Compiègne, la vicomtesse du Puget et M. René de Songeons, et dans le Valois au château de Silly-la-Poterie, le baron Le Pelletier qui conserve dans ses archives, avec le manuscrit des *Mémoires* de son bisaïeul qui viennent d'être publiés par son beau-frère M. de Périgny, des documents considérables et de nombreux portraits qui sont des sources précieuses pour l'histoire de l'artillerie aux dix-septième et dix-huitième siècles.

La publication des *Mémoires* de Louis-Auguste a été faite avec soin et l'éditeur a cherché à les annoter au point de vue biographique, il n'a pas malheureusement apporté toujours le même contrôle aux références géographiques.

Plusieurs portraits et la reproduction d'une curieuse gravure des armoiries de la famille Le Pelletier, au centre d'un trophée d'armes placé au premier plan d'un paysage militaire, accompagnent ce volume qui a sa place marquée dans les bibliothèques compiégnoises.

XIV

EXCURSION A ARRAS

Visite de la ville et de l'Exposition rétrospective

28 MAI 1896

La Société historique de Compiègne a fait, le jeudi 28 mai, l'excursion qu'elle avait projetée à Arras et dont le but principal était la visite de l'Exposition rétrospective organisée dans le palais de Saint-Vaast, par la Commission des monuments historiques du Pas-de-Calais, à l'occasion du cinquantième anniversaire de sa fondation.

La longueur du trajet en chemin de fer et diverses circonstances étaient venues réduire le nombre des excursionnistes, cependant ce petit voyage, accompli par un très beau temps que ne semblaient pas laisser espérer les journées précédentes, a eu un plein succès et chacun, en rentrant, s'applaudissait d'y avoir pris part.

A sept heures trente-cinq, nous partons sous la direction de M. le président Sorel, en un petit groupe composé de Mme de Poul, de MM. Daussy, Léman, Nolet et de l'auteur de ce compte rendu et successivement nous voyons venir se joindre à nous plusieurs de nos confrères, ainsi que quelques autres archéologues. C'étaient à Creil, MM. le comte Charles Lair, Emile Couneau, de La Rochelle, le marquis de Monclar; à Longueau, M. et Mme Alphonse Pillon, M. F. de Monnecore, ancien député, de la Société des Antiquaires de France, et à Arras, M. Eugène Soil, secrétaire de la Société historique de Tournai.

Depuis une quinzaine d'années, on a déclassé les fortifications d'Arras, considérées de nos jours comme des moyens inutiles de défense, et rien n'a trouvé grâce devant le marteau des démolisseurs, pas même la porte d'Hagerue, vieux reste de l'enceinte du moyen âge, et que son caractère autant que son antiquité auraient dû faire épargner. Aujourd'hui, quand on entre dans cette ville célèbre par ses siéges et ses héroïques défenses, on arrive, au milieu de travaux de terrassements, à des rues qui ne semblent qu'amorcées : et c'est dans des remblais qu'il nous aurait fallu chercher la rue Saint-Jean-en-Ronville, si nous n'avions eu pour guide un de nos amis, M. Georges Sens, qui avait bien voulu préparer notre excursion.

Après un déjeuner à l'*Hôtel de l'Univers*, dans lequel avaient pris place les « andouillettes » renommées d'Arras, nous nous dirigeons vers les places célèbres par la disposition de leurs maisons aux hauts pignons, aux formes les plus variées, aux enseignes sculptées, aux arcades supportées par de lourds piliers, dont plusieurs sembleraient presque remonter jusqu'à l'époque romane, aux caves ou boves, profondes de vingt mètres, hautes de plusieurs étages, et dans lesquelles on a établi des magasins, des ateliers et jusqu'à des écuries, dans lesquelles les chevaux se sont habitués à descendre sans crainte. Du reste, on le sait, dans les villes fortifiées, telle que l'était encore Arras il y a peu d'années, de belles casemates, de grandes salles souterraines à l'abri des projectiles et de l'incendie où l'on pouvait se loger soi et les siens, empiler son mobilier et ses provisions, étaient ce que l'on estimait le plus.

Au milieu de la *Petite place* s'élève l'Hôtel de Ville, surmonté de sa tour, haute de plus de soixante-dix mètres et terminée par une couronne que surmonte un lion tenant fièrement l'étendard aux armes de la ville. L'édifice, dans son ensemble, a grand air, mais, sauf la façade, il a été en entier reconstruit, modifié, agrandi ; on lui a donné des ailes, une seconde façade, et il ne reste plus rien du vieil échevinage. La bretèche elle-même, où étaiens lues par les hérauts les proclamations de Charles-Quint et de Philippe II, a disparu, remplacée par un long et étroit balcon, où, les jours de concours de musique, se pressent les autorités municipales.

Ce n'est pas ici le moment de discuter le style des maisons des deux places d'Arras que l'on appelle ordinairement et à tort *maisons espagnoles*. Qu'il nous soit permis toutefois de dire que bon nombre de ces constructions antérieures, du reste, à la domination de Charles-Quint, appartiennent à un style que l'on rencontre partout dans le nord de l'Europe, à Lubeck comme à Brème, à Anvers aussi bien qu'à Gand, style qui n'a jamais été employé en Espagne. Mais si les galeries n'ont pas servi à se garantir du soleil, quelle était leur utilité ? A cela, le chanoine Van Drival, va nous répondre : « Elles servaient à exposer en vente les marchandises, à recevoir les acheteurs, à leur permettre même de circuler à l'abri de la pluie... Les façades des maisons avec pignons sur rue avançaient à partir de l'étage et surplombaient très souvent au-dessus de la chaussée, rétrécissant encore les rues étroites et fournissant, sur les marchés, une sorte de bazar, sans lacune ni interruption. »

Mais, nous avons assez flâné sur les places et après avoir jeté un coup d'œil sur quelques beaux hôtels, dont l'un, devenu le tribunal, était le siège des Etats d'Artois, et dont l'autre, d'une grande élégance, sert de Cercle militaire, nous arrivons au palais Saint-Vaast, immense ensemble de constructions de l'abbaye, commençant par le palais épiscopal, et se terminant par l'église cathédrale, et qui renferme la bibliothèque, les archives, les musées et

laisse encore disponibles les quarante salles
affectées à l'Exposition rétrospective dans laquelle nous avons pour guides, M. Loriquet, ar-
chiviste du département, qui en est le commissaire général et quelques-uns de ses collègues..

L'Exposition ne doit durer qu'un mois et
nous sommes déjà au tiers de sa durée, mais
si tous les objets sont en place, disposés avec
art et avec goût, il n'existe encore ni étiquettes ni catalogue, aussi est-il bien difficile de
donner des indications sur la plupart de ces
œuvres d'art ou de ces objets appartenant à
des musées, et à des établissements publics,
ainsi qu'à de nombreux amateurs du Pa.-de-
Calais et des départements formés avec des
parties de l'ancien comté d'Artois.

Trois étages de l'aile gauche et du centre
du palais sont occupés par l'Exposition et les
salles sont facilement desservies par de nombreuses communications et par deux grands
escaliers.

Au bas du principal, on a groupé les monuments de la sculpture, œuvres originales et
moulages exécutés exprès et qui serviront à la
constitution d'un musée iconographique.

A côté d'inscriptions romaines, voici d'anciens fonts baptismaux, les tombeaux des
comtes d'Artois moulés sur ceux de Saint-
Denis, le Grand-Dieu de Thérouanne et, sur
les murs, des reproductions des carrelages à
figures de Saint-Omer et de Thérouanne.

Les tableaux occupent trois grandes salles
et on y remarque, à côté de nombreux portraits historiques, une suite importante d'œuvres des maîtres français, flamands et hollandais; la place dont nous disposons ne nous
permet pas de les citer, montons l'escalier
décoré de belles tapisseries, produits de l'industrie locale dont la vogue fut si considérable
qu'elle donna son nom aux œuvres analogues
et qu'aujourd'hui encore, en Italie, *Arrazzi*
est synonyme de tapisserie.

Là, nous trouvons une série de chambres et de salons dans lesquels on a reconstitué, à l'aide d'éléments de premier ordre, des intérieurs depuis Louis XIV jusqu'à la fin du siècle dernier ; meubles des Gobelins et de Beauvais, commodes de Boulle, tables et garnitures de cheminée que ne désavoueraient pas les Caffieri et les Riesner, pendules, torchères et girandoles, et, au milieu d'une de ces salles, un cabinet flamand entièrement décoré de peintures, œuvre du meilleur des Franks d'Anvers, et qui appartient, croyons-nous, à M. A. de Cardevacque.

Manuscrits richement illustrés provenant des célèbres bibliothèques d'Arras et de Saint-Omer, ou prêtés par des amateurs comme le beau livre d'heures du comte Menche de Loynes, chartes communales et privilèges de corporations, impressions locales, reliures aux plats couverts d'armoiries ou de riches ornements, voilà ce que nous offre la salle suivante. De ce côté, l'escalier est décoré de vues d'Arras, vues anciennes qui nous montrent ce qu'était il y a trois siècles la ville ; gravures et dessins représentant les nombreuses églises et chapelles, presque toutes détruites aujourd'hui et remplacées par les constructions dues à l'infatigable et fécond architecte Grigny, dont les œuvres du reste ne sont pas sans mérite. Un grand cadre réunit les photographies des points intéressants des fortifications à la veille de leur destruction.

Au second étage, les salles se succèdent ; dans l'une tout ce qui est consacré à la précieuse relique de la Sainte-Chandelle, dont le riche reliquaire est un des joyaux artistiques de la ville et pour laquelle fut élevée l'église de Notre-Dame-des-Ardents, reconstruite de nos jours. Plus loin, ce sont les documents maçonniques et l'un des moins curieux n'est pas celui par lequel le prétendant Charles Stuart, voulant reconnaître les services qu'ils lui ont rendus, affilie en 1745, à quelque grande loge d'Angleterre, un certain nombre d'habitants d'Arras, dont « M. de Robespierre ».

Ce nom nous rappelle que l'on a groupé dans des vitrines spéciales les portraits et les souvenirs relatifs aux personnages célèbres du pays et que l'une des plus remplies est celle consacrée à Maximilien Robespierre, dont on regrette toutefois de ne pas trouver le curieux portait de la collection Marcille, qui a figuré en 1883 à l'Exposition des portraits du siècle.

Franchissons encore quelques salles, non sans nous arrêter dans une cuisine à la cheminée monumentale, à la riche batterie de cuisine et qui renferme tout ce qui peut servir à confectionner un de ces repas de Gargantua comme on en mange dans le Nord de la France, depuis les rôtis gigantesques jusqu'aux « plats doux ».

Nous arrivons enfin à une galerie d'une étendue considérable et dans laquelle ont été réunis dans des vitrines, les plus beaux objets exposés, pièces d'orfèvrerie religieuse et d'argenterie, parures et bijoux, émaux et ivoires, faïences et porcelaines des fabriques de la région et aux deux extrémités, d'une part, des ornements religieux, chapes et chasubles, dont plusieurs ont une origine historique ; de l'autre, des vêtements des deux derniers siècles, habits de cour et costumes de grands bourgeois, robes de brocard et de damas, prêtes à porter, bien qu'un peu défraîchies et dans lesquels nos couturiers trouveraient d'heureuses idées pour ces toilettes que nos élégantes renouvellent à chaque saison, bien loin d'imiter en cela leurs grand'mères qui laissaient soigneusement et sans les changer à leurs petites filles les robes avec lesquelles elles avaient eu l'honneur de figurer dans quelque fête donnée par l'Intendant ou l'un des corps des Etats, lors de la venue du roi ou de la naissance de quelque prince.

Mais, il faut cependant quitter toutes ses richesses que de longtemps nous ne reverrons plus, il ne nous reste guère, avant de dîner et de reprendre le train, que le temps d'aller faire une provision de « Cœurs d'Arras » en pain d'épice et de gaufres fourrées.

L'express nous emporte avec une rapidité que l'on estime à plus de 80 kilomètres à l'heure et avant minuit, chacun a regagné, sinon son lit, tout au moins son domicile.

XV

L'EXPOSITION
nationale et coloniale de Rouen

Depuis quelques temps nos murs sont couverts de grandes affiches illustrées et coloriées, sur lesquelles on voit une femme au port de reine, vêtue d'une robe de drap d'or, à la couronne murale, qui montre à une normande, au costume villageois et au grand bonnet cauchois, tenant une pomme à la main, un défilé de personnages exotiques qui se pressent sous des portiques et dans des jardins.

C'est la ville de Rouen faisant, à une paysanne de la province, les honneurs de l'*Exposition nationale et coloniale*, ouverte depuis un mois sur le champ de manœuvres du quartier Martainville ; exposition que la Compagnie du chemin de fer du Nord nous engage à aller visiter en nous offrant avec des billets de cinq jours l'attrait d'une réduction importante. Pour les Compiégnois, il en coûte 13 fr. 50, 19 fr. 90 ou 25 fr., aller et retour.

⁂

L'entrée de l'Exposition est marquée par un arc triomphal formé de pilones en bois découpé, aux formes bizarres et aux couleurs criardes; à votre gauche le bâtiment principal

de l'Exposition, vaste façade blanche, surmontée au centre d'un dôme qui semble quelque
gigantesque pièce de pâtisserie. Le bâtiment
est divisé dans sa largeur en quatre travées
dont la première, et la plus importante, est
consacrée aux beaux-arts. C'est le domaine
de M. Gaston Le Breton, l'aimable directeur
du Musée départemental d'antiquités. Grâce à
ses relations avec les membres de l'Académie
des Beaux-Arts, à laquelle il appartient comme
correspondant, la galerie des beaux-arts peut
lutter avec les meilleurs salons de Paris et
rappelle un peu la tentative qui avait été faite
des salons triennaux dans lesquels on admet-
tait que des œuvres choisies. –
Roybet a envoyé son grand tableau de
Charles le Téméraire entrant à cheval dans
l'église de Nesles, Bonnat, le portrait de sa
mère, Detaille, un hussard de 1806, Weertz, le
grand Christ au pied duquel est tombé le cui-
rassier et qu'il a baptisé : *Pour l'humanité,
pour la Patrie*, Français, deux beaux paysages,
Gérôme, Benjamin-Constant, Cormon, de gracieuses têtes de femmes, Henner, une nymphe
endormie; mais je ne puis tout citer parmi ces
cinq cents toiles, et dois passer aussi rapidement sur les dessins et la sculpture, rappelant
seulement le grand groupe de Mercié, exécuté
pour Domremy, la France remettant son épée
à Jeanne d'Arc, modèle destiné au musée historique qui va s'élever dans la tour Jeanne-
d'Arc, à Rouen, et qui fera concurrence au
célèbre musée d'Orléans.
S'il m'est permis d'émettre un regret, c'est
de voir ce salon avoir un caractère trop général, j'aurais aimé à y rencontrer en plus grand
nombre les œuvres des artistes normands et
surtout à les voir groupées dans une salle
spéciale qui aurait montré ce que produisent
aujourd'hui ces artistes, successeurs des
Poussin, des Jouvenet, des Restout, des Tour-
nières, des Géricault, des Court et des Hya-
cinthe Langlois.

Je passe rapidement sur les galeries indus-
trielles qui n'offrent rien de nouveau, tout au
plus faudrait-il citer les étoffes de laine fabri-
quées dans de nombreuses manufactures de
la Seine-Inférieure et de l'Eure et les produits
des tanneries de Saint-Saëns et d'autres villes
des environs.

Un salon parisien nous donne tout ce qui
se fait de plus nouveau dans les arts de luxe,
orfèvrerie, cristaux et faïences, ameublements
et costumes. La *Place Clichy* a peuplé un salon
de grands mannequins habillés d'élégantes
toilettes qui rappellera, aux lecteurs du *Journal*, l'exhibition des vitrines de *Balai-de-Crin*.
Plus loin c'est la photographie animée, dont la
salle ne désemplit pas ; à l'autre extrémité,
une salle des fêtes.

⁂

L'Exposition est coloniale, aussi a-t-on installé un village soudanais et sénégalais où une
centaine d'indigènes, hommes, femmes et enfants, habitent dans des cases en terre battue
et dans des paillottes sur les bords d'une rivière dans laquelle ils se plongent réclamant
« un sou, un p'tit sou » ; plusieurs des types
sont beaux, mais la rigueur du climat de la
Normandie a déjà fait plus d'une victime
parmi ces pauvres sauvages que l'on nous
montre comme des bêtes curieuses au moment
où quelques politiques rêvent de leur concéder les droits de citoyens français.

On nous promet aussi un souk tunisien,
mais il n'est représenté que par un spahi et
n'est pas plus terminé que le pavillon du Cam-
bodge, dont on entrevoit les sculptures derrière les toiles qui couvrent encore les écha-
faudages.

D'autres expositions spéciales, celle des
objets de la Nouvelle-Calédonie, de M. Her-

renschmidt, le pavillon des forêts, un musée scolaire organisé par M. Dorangeon, un aquarium, un diorama de Madagascar figurent encore au nombre des attractions.

Pour les plaisirs, ils ne sont pas nombreux, tous les soirs, le théâtre ouvre ses portes aux spectateurs qui veulent voir *la Tentation de Saint-Antoine*, — est-ce une allusion à l'œuvre de Gustave Flaubert, — un ballet dans le goût italien, dansé par de nombreuses milanaises ; un orchestre de dames viennoises ; et, pour les enfants, un Guignol tenu par Caroly.

En face du grand restaurant Bonnefoy, sous un kiosque qui occupe le centre du jardin de l'Exposition, une musique civile ou militaire se fait entendre, et à des jours désignés, des concerts et des auditions d'orgues ont lieu dans la salle des fêtes.

Mauvaise, du reste, comme acoustique, est cette salle des fêtes dans laquelle nous avons assisté à une spirituelle conférence d'un professeur de l'École supérieure des sciences, M. Ménars, qui nous a démontré la supériorité des parfums artificiels sur les parfums des fleurs naturelles et nous a prouvé que les plantes du Nord avaient beaucoup plus d'arôme que celles du Midi. Sa thèse, du reste, nous a semblé parfaitement admissible, et si nous avions à chercher, dans des sphères moins élevées, un exemple concluant, nous rappellerions que les artichauts des environs de Noyon valent dix fois ceux de l'Algérie.

M. Ménars, pour remercier les nombreuses auditrices qui assistaient à sa conférence, leur a distribué de charmants bouquets de roses, des petits papiers remplis de parfums à la violette produits avec l'iris de Florence, et comme le dit le rédacteur du *Journal de Rouen*, en sortant de ce Palais des fleurs, chacun cherchait à respirer un peu d'air pur,

Accolée à la colline qui domine la plaine Martainville s'élève une porte du commencement du xvii⁰ siècle, l'ancienne porte du Bac, dont on voit encore subsister une partie sur le quai de Paris. A l'entrée, des gardes de ville, dans le costume des frondeurs, veillent et vous réclament un droit d'accès, avant de vous laisser vous engager dans un étroit passage garni d'échoppes, encore malheureusement inoccupées, qui, après plusieurs détours, vous fait déboucher sous l'un des trois porches de la cathédrale, d'une très exacte reproduction et au devant duquel sont groupés les hallebardiers de la ville, en costume du milieu du xvi⁰ siècle, aux hocquetons rouges portant les armes de Rouen : de gueules à l'agneau pascal d'argent, au chef fleurdelisé ; avec la toque crénelée ; beaux et vieux guerriers, dont les barbes blanches feraient envie aux gardiens de la Tour de Londres et qui, en jouant aux dés, devisent des expéditions auxquelles ils ont pris part ; s'ils n'ont pas suivi François Ier à Marignan, ils ont dû, tout au moins, se signaler sous Napoléon III à Magenta ou à Solferino.

Vous avez devant vous l'aître Notre-Dame et la reproduction en est fidèle ; en face de vous, le bureau des finances commencé en 1510, par Roland Leroux, et, à la suite duquel, trois maisons de bois sont réunies pour former la taverne de maître Le Josne, l'un des prédécesseurs sans doute du restaurateur Bonnefoy qui les occupe aujourd'hui.

A votre gauche, trois autres maisons aux façades sculptées, occupées la première par le ferronnier Marrou, un maître dans l'art de travailler le fer, dont nous avons admiré les œuvres à l'entrée du pavillon central de l'exposition ; la seconde par un apothicaire,

véritable alchimiste, qui a dépouillé son offi-
cine non seulement de ses cornues et de sa
belle série de vases en faïence, parmi lesquels
on trouverait peut-être quelque œuvre de
Matteo Abaquesne, l'importateur à Rouen de
l'industrie céramique, mais encore des croco-
diles, momies, peaux de serpents, et autres
pièces bizarres qu'empruntait la pharmacopée
du moyen âge. Çà et là sont étalés de beaux
et vieux livres traitant du grand œuvre et de
la préparation des drogues et remèdes, ouvrages rares dont quelques uns portent les marques de ces vieux imprimeurs rouennais dont
les bibliophiles normands recherchent et
réimpriment les œuvres parfois uniques ;
quant à la troisième, saluez, Messieurs, c'est
la demeure du sculpteur imagier Bonet. Sous
la savante direction de M. Adeline, l'artiste
qui, dans de nombreuses eaux-fortes a, depuis
vingt-cinq ans, fait revivre les monuments de
l'ancienne capitale de la Normandie et s'est
constitué le maître de l'œuvre du *Vieux Rouen*,
Bonet et son fils ont modelé ces façades,
donné la vie à ces innombrables statuettes, et
profilé ces moulures. Son atelier est rempli
de spécimens de ces ouvrages du moyen-âge
que chacun voudrait emporter comme souvenir.

Passons derrière le Bureau des finances, par
un étroit passage couvert, sous lequel se tient
un charlatan, qui distribue avec un boniment
en vers fort bien tournés, l'eau de Jouvence,
qu'il offre gratis, ne réclamant que les quelques sous parisis que les gentilshommes
verriers exigent de lui pour prix de leurs
flacons. Nous voici sur une petite place, dont
un des côtés est occupé par la façade de l'ancienne église de Saint-Herbland, tandis que
sur les autres se trouvent les corps de garde
des hallebardiers et des veilleurs et quelques
magasins. Nous avons contourné la taverne de
maître Le Josne, et si vous y venez en bonne

compagnie, vous pourrez y entrer incognito
par l'huis de derrière.

Nous revoici sur la grande place et nous
avons en face de nous le portail de la cathédrale. Seulement les cinquante mille francs
mis à la disposition de M. Adeline, ne lui ont
pas permis d'élever l'édifice aussi haut qu'il
l'aurait désiré, vous ne verrez ni les tours ni
les clochetons, ni les nombreuses statues ni
la rosace ; des tapisseries et des toiles peintes,
datées de 1550 surmontent le portail comme
en un jour de fête et au-dessus un listel nous
donne les armoiries des nombreuses corporations rouennaises.

Au milieu de la place sont une jolie fontaine
de pierre, deux calvaires et le poteau de
justice aux armes du chapitre ; et si nous des-
cendons, en sortant de Saint-Herblaud, après
nous être arrêtés quelques moments sur un
banc pour y jouir du coup d'œil, nous conti-
nuerons notre revue des boutiques, par les
Avant-Soliers. C'est d'abord une marchande
fruitière qui vous servira beurre et pain et y
joindra un « joli verre de cidre », puis le
maître imprimeur J. Le Cerf, avec son enseigne parlante, qui vous offrira le choix des
eaux-fortes d'Adeline et la pâtissière, chez
laquelle vous trouverez des gaufres chaudes,
des oublies et des pâtisseries sèches.

En face voici les échoppes qui sont accolées
au porche dans la direction du portail des
Libraires ; c'est d'abord la boutique du potier
d'étain qui, à côté de belles fontaines, de
tasses à bouillon et d'aiguières, expose une
série de petits bijoux et fantaisies de circonstance, coupes et boîtes à tabac, broches et
épingles avec de fines gravures représentant
les monuments du vieux Rouen, compositions
multiples d'Adeline qui offrent au point de vue
artistique une valeur bien supérieure à tout
ce que l'on est habitué à rencontrer ordinairement en pareille circonstance ; deux autres

échoppes contiennent encore des figurines de terre et des bouquets. Fleurissez vos dames avant de sortir du vieux Rouen d'où l'on passe presque sans transition dans les galeries de l'exposition agricole.

Les sommelières et les servantes d'auberge, sans être toutes jolies, sont accortes et prévenantes, les marchandes aussi, toutes portent ainsi que des artisans, des costumes du seizième siècle aux couleurs harmonieuses ; mais ce qui manque dans le vieux Rouen, c'est la vie, l'animation.

Là où il faudrait cent personnages allant, venant, trottant en tout sens, on n'en compte pas plus de vingt ou trente, les visiteurs, trouvant qu'une entrée d'un franc jointe à celle de l'exposition, devient une lourde charge, dans ce pays de Normandie où l'on sait si bien compter, viennent une fois et ne reviennent pas, aimant mieux vider leur pichet de cidre ou leur cruche de bière dans quelque endroit plus gai.

On voudrait y voir les bandes de musiciens allant donner une aubade aux Trésoriers de France, les bateleurs montrant le premier éléphant venu en France ou quelques singes et perroquets rapportés du nouveau monde par les hardis matelots dieppois, et des groupes de fillettes souriant aux plaisanteries des clercs de procureurs et des apprentis, en écoutant les chants des Palinods, et en voyant passer le cortége de l'abbé des Cosnards, ou quelque autre vieux souvenir des fêtes du moyen âge qui avaient pour théâtre le parvis de la cathédrale.

C'est fâcheux. car l'œuvre de M. Adeline est bien conçue et bien exécutée et méritait mieux ; mais l'exposition ne fait qu'ouvrir ses portes et d'ici au mois d'octobre on peut remédier à ces lacunes du premier jour,

✿
★★

Rouen, pendant cet été, ouvre ses portes à toutes les attractions : on a vu les gymnastes, et les chiens, dont je ne puis parler avec compétence : les savants ont eu leur place dans les assises de Caumont tenues ces jours derniers et qui ont été le motif de mon voyage ; on nous promet encore des concours de musique et de pompiers, auxquels les Compiégnois ne manqueront pas de prendre part, des courses de chevaux, une visite du président de la République, que sais-je encore.

En dehors de l'Exposition, Rouen, avec ses belles églises de Notre-Dame, de Saint-Ouen et de Saint-Maclou, pour ne citer que les principales, son Palais de Justice et l'hôtel de Bourgtheroulde, ses quais et ses vieilles maisons, ses musées d'art et d'antiquités, sa collection unique de céramique surtout, son pèlerinage de Bon-Secours, ne peut manquer d'attirer les visiteurs et nous ne doutons pas que, si nous revenons dans le cours de l'été dans la capitale de la Haute-Normandie, nous n'y rencontrions de nombreux concitoyens se reposant de leurs excursions, en dégustant *le Sport*, sur les tables des cafés Victor et Bonnefoy.

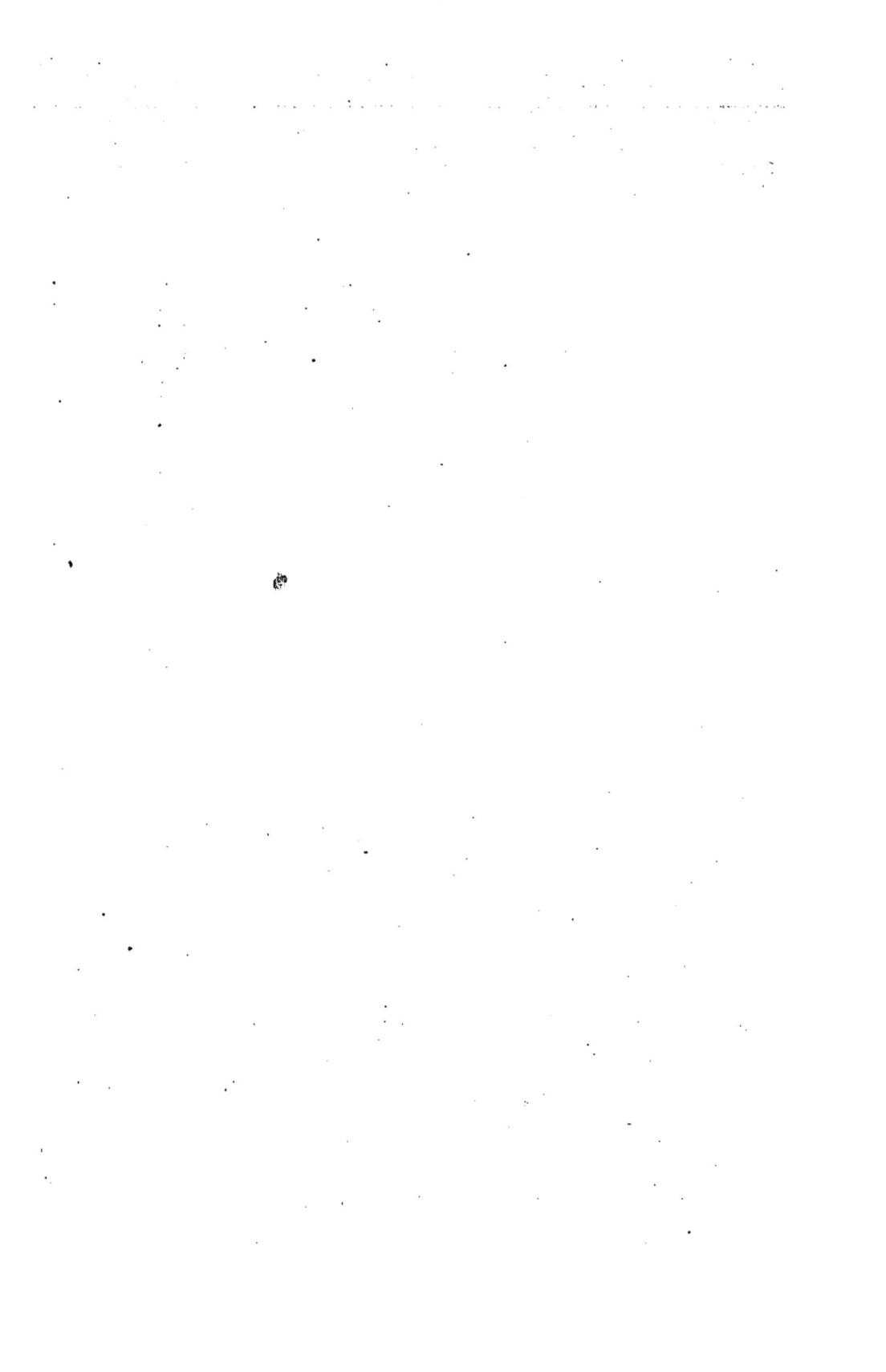

XVI

LA
SOCIÉTÉ HISTORIQUE DE COMPIÈGNE

au Congrès archéologique de France

MORLAIX-BREST

La Société française d'archéologie a tenu cette année son soixante-troisième Congrès, du 3 au 11 juin 1896, dans le Finistère ; nous n'avons pas besoin de rappeler que ces réunions sont présidées, chaque année, par notre concitoyen M. le comte de Marsy et qu'elles sont suivies avec assiduité par un certain nombre de membres de la Société historique de Compiègne, habitant notre ville ou les environs. Sur les listes des deux cents personnes qui ont assisté au Congrès, nous relevons les noms de MM. Alexandre Sorel, président, le baron et la baronne de Bonnault, Raymond Chevallier, Albert Coudret, Charles Leman, Edgar Mareuse, Mme de Poul, le comte de Marsy, et parmi les correspondants, MM. Dufour, de Corbeil ; Joseph Depoin, de Pontoise ; Francart, de Mons ; le comte Charles Lair, le Rév. Langhorne ; Henri Macqueron et J. Vayson, d'Abbeville ; Moulin, de Château-Thierry ; Adrien Planté, d'Orthez ; Emile Travers, de Caen, et Eugène Soil, de Tournai.

L'importance des monuments du Finistère est telle que le Congrès a dû limiter à l'ancien royaume de Léon, c'est-à-dire aux arrondissements de Morlaix et de Brest, ses excursions, visitant les monuments du moyen âge et surtout les édifices religieux.

« En examinant la carte sur laquelle nous traçons chaque année les étapes parcourues depuis plus de soixante ans par la Société française d'archéologie, a dit M. de Marsy, dans son discours d'ouverture, je remarquais depuis longtemps qu'une partie de la Bretagne, et non la moins intéressante, le Finistère et les Côtes-du-Nord, était restée pour nous, en quelque sorte, aussi inconnue que le sont aux voyageurs certaines parties de l'Afrique centrale.

« Pourquoi cet oubli d'un pays où les monuments abondent et présentent un intérêt tout particulier à nos études ? Ce n'était assurément ni par ignorance ni par dédain, car, à maintes reprises, le *Bulletin monumental* a publié sur cette région de nombreuses études.

« La vraie raison est sans doute que l'on ne peut aller partout et que nous n'avons guère parcouru plus de la moitié de la France.

« C'est alors que, sollicité par quelques archéologues de votre pays, je me proposai de fixer dans un de ces départements le siège de l'un de nos prochains congrès, mais ici se présentait une première difficulté : Quel choix faire au milieu de tant de monuments curieux à divers titres ? Nous avons choisi le Finistère et, avec les yeux des enfants qui, devant la boutique d'un marchand de jouets, voudraient tout emporter, nous aurions voulu tout vous faire voir depuis Sainte-Croix de Quimperlé jusqu'à Saint-Mathieu, depuis les richesses de Kernuz jusqu'au Creisker de Saint-Pol de Léon ; malheureusement huit jours n'auraient pas suffi, il en aurait fallu plus du double et plutôt que de vous montrer quelques spécimens en courant, nous avons préféré suivre la vieille division du pays, et, laissant la Cornouaille, nous borner au Léon, nous confiner, en quelque sorte, dans les arrondissements de

Brest et de Morlaix, abandonner presque complètement l'époque préhistorique et nous restreindre aux édifices du moyen âge et de la Renaissance. La moisson sera encore assez vaste, il vous suffira, pour vous en convaincre, de parcourir le petit guide qu'a rédigé M. le marquis de l'Estourbeillon, que je remercie d'avoir bien voulu m'aider dans l'organisation de ce Congrès... »

La route de Compiègne à Morlaix est longue; il faut, sans perdre de temps, au moins seize heures, car, à partir de Rennes, le train, qualifié d'express, marche avec la rapidité de nos tramways départementaux, en ne vous laissant pas toutefois un arrêt suffisant pour déjeuner ou dîner à son aise, sur une ligne où le wagon-restaurant est inconnu. Je ne décrirai pas la route : on traverse Chartres, Le Mans, Laval, Vitré, Rennes, Saint-Brieuc et après avoir passé sur un viaduc de plus de cent cinquante mètres de haut jeté sur la rivière de Morlaix, on arrive dans cette coquette petite ville de 15.000 habitants, riche de son commerce de beurre, d'œufs et de comestibles qu'elle envoie en Angleterre et dans diverses parties de la France, en même temps que Roscoff et les localités voisines les approvisionnent de fruits et de légumes, principalement de fraises et d'artichauts.

Loger plus de cent congressistes dans une ville de cette importance semble un tour de force, et cependant il a été réalisé, en même temps que celui plus difficile peut-être de leur procurer des véhicules pour les excursions.

« Le temps n'est plus, disait également M. de Marsy, où comme il y a deux cents ans, il fallait, pour parcourir la Bretagne, se garer des brigands qui infestaient les routes, de ces « grands coquins armés chacun de trois coups à tirer, qui vous menaçaient de « Je te tue, si tu avances », les routes elles-mêmes sont devenues meilleures, excellentes pour la plupart et on n'est plus forcé de faire venir un chariot attelé de douze bœufs pour y placer une chaise de poste, comme cela arriva vers 1750 à un grand seigneur qui, pour la première fois, venait visiter ses terres de Bretagne.

« Je comparerais plutôt notre chevauchée à celle que faisait, il y a près d'un siècle, un préfet archéologue, Cambry, qui administra également le département de l'Oise, bien que nous n'ayons ni le brillant uniforme dont ce fondateur de l'Académie celtique aimait à s'affubler quand il allait à Bratuspantium déterrer quelques antiquités, ni l'escorte de gendarmes qui accompagnait son carrosse à quatre chevaux... »

Si notre équipage fut plus modeste, nous avons été plus nombreux encore, car plus de quarante départements, sans compter la Belgique et l'Angleterre, avaient envoyé des représentants au Congrès.

Tant à Brest qu'à Morlaix on a tenu six séances remplies par des lectures et des communications sur différents sujets archéologique dont la plupart concernaient la Bretagne. Deux d'entre elles ont un éclat exceptionnel, ayant été présidées, l'une par M. le vice-amiral Barrera, préfet maritime de Brest et l'autre par S. G. Monseigneur Valleau, évêque de Quimper et de Léon.

Quant aux excursions qui sont, avant tout, pour la majeure partie des congressistes, le côté le plus attrayant et, ajoutons, souvent le plus instructif de ces réunions, en dehors de la visite des villes de Morlaix et de Brest, elles ont été au nombre de six, presque toutes consacrées à la visite et à l'étude des monuments religieux qui constituent une paroisse bretonne.

Parlant, à propos de la première de ces excursions faite à Plougasnou, Saint-Jean-du-Doigt et Lanmeur, de cet ensemble, M. le chanoine Abgrall analyse ainsi l'exposé présenté par M. de Marsy à Saint-Jean-du-Doigt.

« Des marches de la croix du cimetière, notre président nous explique que nous avons sous les yeux un des rares et des plus remarquables exemples de ce qui constitue une paroisse bretonne : la grande porte gothique ou arc de triomphe en pierre, sous lequel passent les fidèles, l'admirable fontaine monumentale, avec sa vasque de granit, ses statuettes et ses figurines en plomb ; l'oratoire ouvert, abritant un autel et permettant à une foule immense d'assister à la messe, les jours de grand pardon. Puis l'église, bijou du xve siècle, avec ses colonnes si élevées, ses arcades si élégantes, son porches surmonté d'une chambre des archives, son ossuaire, ses galeries latérales qui vont courir sur le clocher à des niveaux différents : ce clocher lui-même, si étrange, avec sa flèche de plomb ; puis les autels, les fenêtres, la grande rose, le trésor si célèbre, comprenant le calice ministériel, le petit calice gothique, les reliquaires du doigt de Saint-Jean, de la tête de Saint-Mériadec, et enfin la croix processionnelle, fine œuvre d'orfèvrerie du temps de François Ier. »

Ce que nous avons vu à Saint-Jean-du-Doigt, nous l'avons retrouvé avec des différences d'âge et de style dans beaucoup des autres paroisses visitées par nous. Ne pouvant les nommer toutes, nous rappellerons surtout celles de Guimiliau et de Saint-Thégonnec, de Pencran, de Dirinon, de Plougastel et de Goueznou.

Il y a là des calvaires où plus de soixante personnages sculptés d'assez grande dimension représentent les scènes de la vie et de la passion de Notre-Seigneur.

Il est deux églises auxquelles je dois une mention particulière, la première est celle de Daoulas, ancienne église abbatiale, à côté de laquelle est conservé un délicieux cloître roman, restauré avec beaucoup de soin il y a quelques années ; la seconde est le Folgoet, lieu d'un célèbre pèlerinage, dont le chanoine Abgrall raconte en ces termes l'origine :

« Il y avait autrefois, dans ce pays, alors couvert d'une grande forêt, un pauvre jeune homme innocent, idiot et ignorant, mais bon et pur comme un ange. Il allait mendier son pain dans la ville de Lesneven et dans les hameaux du voisinage, et il ne prononçait jamais d'autres paroles que celles-ci : *Ave Maria, Salaün a zepre bara, Ave Maria ;* Salaün mangerait du pain, car Salaün ou Salomon était son nom, et on l'appelait communément « Salaünar-fol » Salaün le fou ou l'innocent.

Quand il avait recueilli ses aumônes, il s'en revenait dans la forêt où il faisait son ermitage, sur les bords d'une claire fontaine, et pour son repas il trempait son pain dans l'eau de la source. Après quoi, il montait dans un grand chêne qui poussait au même endroit, et, se balançant dans les branches, il chantait sans fin : ô, ô, ô, Maria.

« Or, il advint que le pauvre innocent mourut, et son cadavre fut trouvé au bord de la fontaine. On l'enterra en ce lieu même ; mais, ô merveille ! Quelques jours après, on vit pousser sur sa tombe un lys éclatant de blancheur, et sur chacune des feuilles de la fleur mystérieuse étaient écrits en lettres d'or : *Ave Maria.* On creusa le sol et l'on vit que la plante miraculeuse prenait racine dans la bouche de celui qui, pendant toute sa vie, avait célébré par ces simples paroles les louanges de sa reine, la mère de Dieu.

« Cet événement arriva vers 1358. Le bruit du prodige se répandit dans toute la contrée et les seigneurs du pays délibérèrent de bâtir sur l'emplacement même une chapelle qui serait appelée « *Ar-Foll-Coat* », l'église de Notre-Dame-du-Fou-du-Bois. »

En 1365, le duc Jean de Montfort ayant ap-

prouvé cette fondation, posa la première pierre
de l'église du Folgoet qui peut être considérée
comme une des plus remarquables des églises
de Bretagne et dont le sentiment artistique et
la délicatesse contrastent heureusement avec
le plus grand nombre des édifices religieux du
pays, dont, comme nous l'avons dit, l'exécution laisse souvent à désirer.

Trois châteaux féodaux, curieux à des titres
divers, ont fait l'objet d'une de nos excursions :

Kerouséré est un ancien château fort aux
murailles épaisses, flanqué de quatre grosses
tours et dont M. du Rusquet a su faire une
fort agréable résidence.

Kergournadec'h est le berceau du jeune
guerrier, qui ne craignit pas d'accompagner
saint Pol, dans sa marche contre le serpent
de l'île de Batz ; mais de ce premier château
il ne reste rien, et l'édifice actuel élevé au
commencement du seizième siècle passe pour
avoir été ruiné il y a deux siècles par sa
propriétaire, une bourguignonne entêtée qui
voulait empêcher son fils d'y fixer sa résidence au milieu des bois.

Quant à Kerjean, c'est la merveille des châteaux du Léon et les Bretons n'hésitent pas à
le comparer les uns au Louvre, les autres à
Versailles ; les deux comparaisons ne semblent
pas plus justes l'une que l'autre, mais c'est
un beau château encore entouré de ses rem-
parts et qui, dit-on, a subi victorieusement un
dernier siège, il y a une centaine d'années.

L'excursion faite dans la presqu'île de Cro-
zon, aux grottes de Morgat, est la dernière dont
il me reste à parler.

Entreprise sur un des vapeurs brestois, elle
est l'une des plus intéressantes et des plus
pittoresques que l'on puisse rêver, seulement
le beau temps nous a fait défaut pendant la
moitié de la journée. On franchit le goulet,
en sortant de Brest et on passe devant les

nombreux travaux de défense maritime qui protègent le port ; puis on arrive en plein Océan, on voit successivement l'Anse de Dinant et le cap de la Chèvre et on touche aux grottes de Morgat, creusées dans des lambeaux de falaises isolés et qui forment divers compartiments éclairés par des ouvertures naturelles ogivales ou cintrées ; la nature de la roche donne à certaines d'entre elles des teintes bleues ou rougeâtres qui se reflètent dans l'eau et produisent un effet très pittoresque.

Après un excellent déjeuner à l'hôtel nouvellement installé à Morgat, précédé d'un débarquement primitif sur les épaules de robustes matelots, nous reprenons nos places sur le paquebot et arrivons au petit bourg de Camaret, au-dessus duquel se trouvent des alignements mégalithiques ; malheureusement, comme cela arrive trop souvent, les habitants du pays ont fait une carrière des pierres qui les formaient et il faudra d'énergiques démarches du Congrès pour arrêter cet acte de vandalisme. Comme une assemblée parlementaire, nous avons émis un vœu et notre président s'est chargé de le faire parvenir à qui de droit !

Si Morlaix n'offre qu'un petit nombre de monuments historiques, on peut citer cependant avec éloges la tour de Saint-Mathieu, l'église de Saint-Mélaine et les maisons historiques en bois de la grande rue, ainsi que celle de la duchesse Anne. A Brest, en dehors du château, bâti sur des fondations romaines, conservant des restes du moyen-âge importants et remis en état de défense sous Louis XIV, il n'y a à voir que l'arsenal militaire. Il est vrai que c'est une véritable ville, avec ses navires de guerre les plus variés, cuirassés et croiseurs, garde-côtes et torpilleurs, et ses ateliers dans lesquels des ouvriers, par milliers, passent leur temps à construire

des vaisseaux, à les armer, à les désarmer
et enfin à les dépecer, alors qu'un nouveau
modèle vient mettre hors de service les anciens. Grâce à l'autorisation gracieuse du préfet maritime, nous avons eu la facilité de tout
visiter dans le port, voyant à la hâte, car il
faudrait une pleine journée, si on ne voulait
rien négliger de la corderie à la chaudronne-
rie, et nous n'avions que l'après-midi.

Mais ce que l'on peut envier à Brest, c'est
la vue magnifique de la rade que l'on a du
Cours d'Ajot, rendez-vous général des enfants, des nourrices et des matelots qui remplacent ici les tourlourous de nos villes du
centre.

Il faut songer au retour, et quoiqu'il me
reste encore bien des choses à dire, que je
m'aperçoive, par exemple, que je n'ai pas
parlé de Saint-Pol-de-Léon, de sa cathédrale
et du Creisker, que j'ai passé sous silence le
cap Primel, la splendide vue que l'on a sur la
mer des ruines de son vieux château et le
magnifique buisson de homards qui attendait
les convives et sur lequel les dix-sept photo-
graphes qui nous accompagnaient ont braqué
leurs appareils avant de nous les laisser dé-
guster, j'obéis au signal de R. Chevallier qui
nous crie en voiture et je ferme mon cahier.

HERBERT L'ESCRIVAIN.

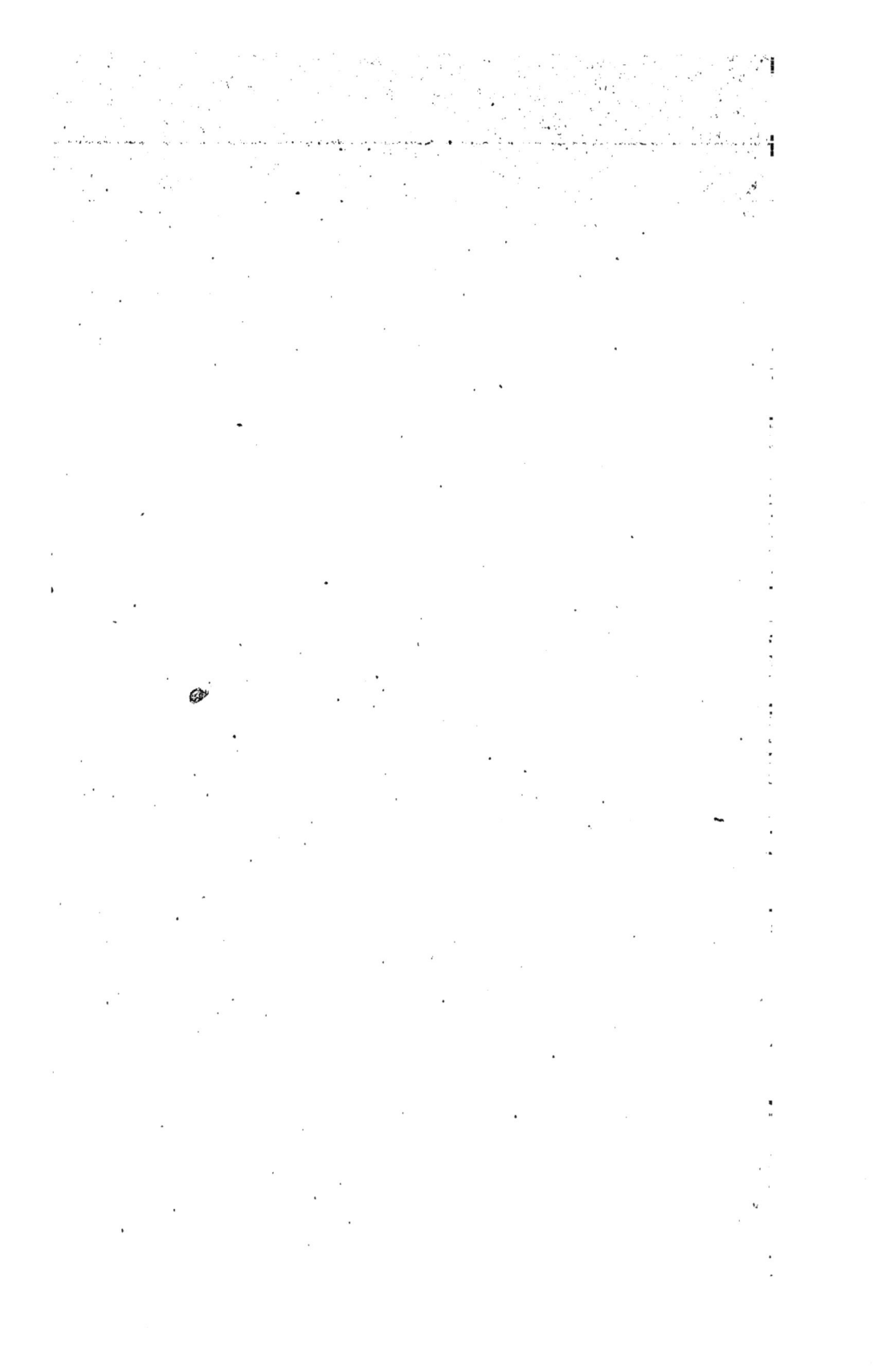

XVII

EXCURSION

A Villers-Cotterêts et à La Ferté-Milon

(2 JUILLET 1896)

La troisième excursion faite cette année par la Société historique de Compiègne a eu un plein succès.

Elle avait pour but Villers-Cotterêts et La Ferté-Milon et à huit heures et demie du matin, près de trente membres de la Société, y compris de nombreuses dames, se trouvaient à la gare et montaient dans le train de Pierrefonds où quatre compartiments leur avaient été réservés. C'étaient M. Alexandre Sorel, président de la Société et Mme Sorel, Mme et Mlle du Breuil, MM. Cauchemé, Raymond Chevallier, Colin, Dubloc, Espivent de la Villeboisnet, la comtesse de Failly, la comtesse Eugène de Failly, le comte M. de Failly, MM. Garand, Lara, Mme Le Féron d'Eterpigny, MM. Leman, Léon de Maindreville et Mlles de Givenchy, M. Meuraine, Mme Perrot du Verney, M. et Mme Alphonse Pillon, Mme de Poul, MM. Francis de Roucy, de Trémisot, M. l'abbé Roy, Mme Séré et M. le comte de Marsy, secrétair auxquels se joignirent M. Emile Pottier, architecte à Villers-Cotterêts, et Mme Pottier, ainsi que l'un des correspondants de la Société, M. le marquis de Monclar.

Je ne décrirai pas le trajet en chemin de fer à travers les forêts de Pierrefonds et de Retz, il faudrait la plume d'un poëte et M. Léon Duvauchel, l'auteur du *Livre d'un forestier*, s'était excusé de ne pouvoir se joindre à nous.

En descendant du chemin de fer, nous jetons un regard sur la statue d'Alexandre Dumas, due au ciseau de Carrier-Belleuse ; ceux qui ont connu l'inépuisable romancier, dont nous avons à quelques pas la maison natale, s'accordent à reconnaître la vérité de sa tête énergique, mais trouvent que le statuaire, en enveloppant son modèle d'une vaste houppelande, a singulièrement simplifié sa besogne ; mais, après tout, il ne pouvait guère représenter Dumas, en manches de chemise, ce qui était son costume habituel, ou en mousquetaire.

Après avoir traversé la place où se trouve une fontaine surmontée d'une tour massive et carrée qui sert de beffroi et d'horloge, et autour de laquelle se tient un marché largement alimenté de denrées de toute nature qui nous donnent bon espoir pour la composition de notre déjeuner, nous passons devant l'église que nous verrons plus tard et arrivons au château dont la longue façade est sans ornements, à l'exception du logis qui forme le pavillon d'angle, construction nouvelle dans laquelle on a encastré d'anciens motifs, chiffres répétés d'Henri II et de Catherine de Médicis (H et K), croissants enlacés, etc.

Un vieux château existait à Villers-Cotterêts depuis de longues années, mais comme tant d'autres, il avait fait son temps lorsque François Ier séduit par le charme de la forêt et attiré par le plaisir de la chasse, résolut de remplacer ces vieilles constructions, par une nouvelle demeure, digne de lui, élevée dans le style nouveau de la Renaissance qui commençait alors et pour laquelle rien ne fut épargné comme dépense. Ces travaux paraissent avoir été commencés vers 1520 et leur durée fut d'environ quinze ans ; en 1535, le roi pouvait quitter la Malemaison, et s'installer au château bien qu'il ne fut pas entièrement terminé.

Le bâtiment principal s'élève au fond d'un long rectangle, dont les deux faces latérales sont occupées par de longues galeries ; deux escaliers décorés de caissons représentant des sujets mythologiques et de nombreux cartouches dans lesquels se mêlent les F du chiffre du prince, la salamandre qui fut son principal emblème, la fleur de lys et d'autres attributs, attirent particulièrement l'attention.

Au-dessus de la porte principale du bâtiment central se trouve la chapelle, décorée, dans une de ses extrémités de niches aux riches pinacles, séparées, ainsi que les parois, par des colonnettes sur lesquelles courent des enfants et des amours d'un merveilleux travail. Cette pièce, où fut signée en 1539 la célèbre ordonnance qui réorganisa la justice en France, prescrivit notamment l'emploi de la langue française dans la procédure et établit les registres de l'état-civil, a été remise à neuf il y a quelques années, et les délicates sculptures, autrefois peintes et dorées, enfouies sous les couches d'un badigeon plus que séculaire, ont été remises au jour et restaurées.

Loin est le temps où, pour la première fois, il y a quinze ou vingt ans, nous l'avons vue servir encore de dortoir pour les femmes.

A l'un des angles de la construction principale, donnant sur le parc, est le *logis du roi*, élevé en 1552, et dont nous connaissons les noms des architectes : Jacques et Guillaume Le Breton. Si rien ne nous fait connaître le nom du premier architecte de Villers-Cotterêts, nous savons au moins que des travaux, exécutés ensuite de 1541 à 1550, le furent par Robert Vautier et Gilles Agasse. C'est à tort, dit Léon Palustre, dans *La Renaissance en France*, que l'on a voulu y attacher aussi le nom de Philibert de l'Orme.

Compris, depuis Louis XIV, dans l'apanage d'Orléans, Villers-Cotterêts subit de nombreuses transformations intérieures, et on voit encore aujourd'hui, au rez-de-chaussée, les salons décorés par le duc d'Orléans, dans lesquels furent données des fêtes splendides.

A la Révolution, Villers-Cotterêts ne fut pas aliéné, quelques années plus tard, la Ville de Paris obtint de louer le château pour y établir un dépôt de mendicité, et un décret de Napoléon Ier, en 1808, consacra cette mesure en l'affectant au département de la Seine. Aujourd'hui, cet établissement, qui a pris une extension considérable et porte le titre de *Maison de retraite du département de la Seine*, donne l'hospitalité à quinze cents vieillards, dont un tiers de femmes seulement.

M. le Directeur veut bien nous faire voir l'organisation des différents services, cuisines aux marmites gigantesques pouvant lutter avec celles des Invalides, buanderie, etc.

Nous continuons notre promenade en passant derrière le château pour jeter un coup d'œil sur le parc. A grands frais, François Ier voulait faire venir des arbres exotiques et notamment des orangers achetés en Provence, sur le parterre devenu de nos jours une simple pelouse et dans lequel on ne reconnaît plus l'œuvre de Le Notre, que reproduisent tant de vues des deux derniers siècles.

L'église est un édifice de peu d'importance appartenant à tous les styles, depuis le roman, dont on voit quelques traces dans les chapiteaux, jusqu'au XVIIIe siècle. Signalons-y la dalle mortuaire de l'ambassadeur Chanut.

Mais l'heure du déjeuner a sonné et chacun gagne la grande salle de *l'Hôtel du Dauphin* dont le propriétaire actuel, M. Jansens, a tenu à soutenir la vieille réputation, en nous pro-

curant un excellent déjeuner, élégamment
servi sur une table coquettement décorée,
dans une faïence de Strasbourg aux bouquets
richement coloriés. Un toast spirituel de
M. Sorel, fort aimablement adressé aux dames,
termine ce repas, à la suite duquel, en attendant le train, des groupes se forment ; les uns
vont admirer le chenil de M. Ménier, ses beaux
chiens, son cerf et ses biches privés dans un
enclos ; d'autres se dirigent vers le cimetière
où, dans un carré entouré d'arbres, trois dalles plates rappellent les noms d'Alexandre
Dumas, de son père le général et de sa mère ;
plus loin se trouve une colonne posée sur une
lourde base carrée qui rappelle le nom de De
Moustiers, le poète délicat qui nous a donné
les *Lettres à Emilie* et qui fut à un moment
l'avocat de la ville de Compiègne à Paris.

A trois heures, nous avons repris le train et
nous sommes en route pour La Ferté-Milon,
dont nous voyons le château profiler sur la
hauteur sa lourde masse.

Construit par le duc Louis d'Orléans, frère
de Charles VI, dans les dernières années du
XIVe siècle, en même temps que Pierrefonds,
le château de la Ferté-Milon était, a écrit le
lieutenant-général Wauwermans, dans une
remarquable étude sur ce monument, un des
éléments essentiels du dispositif de défense du
comté de Valois créé par ce prince pour résis-
ter aux entreprises des ducs de Bourgogne.

« Les ruines du château de la Ferté-Milon,
telles qu'elles se présentent aux regards des
visiteurs, permettent de constater aisément
les travaux exécutés par Louis d'Orléans, de
1393 à 1407 (date de sa mort) ; ils affectent un
caractère monumental, se distinguent par l'ex-
trême perfection de l'appareil de pierre de
taille qu'on ne retrouve pas dans les murailles,
tours et courtine de l'ancienne enceinte de la
ville, dont il subsiste encore d'importants ves-
iges. Louis d'Orléans se borna à reconstruire

le château proprement dit; c'est-à-dire le corps de bâtiment compris entre la porte de Bourneville et la poterne près de l'Ourcq, formant la clôture de la ville à l'ouest.

« La façade extérieure de cette construction monumentale, dont l'aspect grandiose frappe les voyageurs qui viennent de Villers-Cotterêts, est demeurée à peu près intacte, sauf son couronnement. Au centre se trouve la porte d'entrée comprise entre deux puissantes tours reliées par un grand arc ogival. A droite et à gauche des tours de l'entrée, et sur le même plan, on voit des portions de courtines flanquées par des tours d'angle. Ces quatre tours, formant la façade, sont demeurées en entier, sauf la tour du nord, dite *Tour du roi*, éventrée de la base au sommet.

Une particularité curieuse dans la construction des tours est la présence d'éperons saillants, tracés en forme de *cymaise*, sans aucune arête saillante ni rentrante, présentant une épaisseur de plus de 6 mètres pour une épaisseur moyenne de muraille de 2 mètres ou 2 m. 50 et indiquant chez le constructeur la préoccupation de créer une véritable *cuirasse*, capable de faire ricocher le boulet sur la muraille.

Au-dessus de la porte, se trouve un haut relief sur l'interprétation duquel on a longuement discuté et qui représente incontestablement *le couronnement de la Vierge*..

Moulé par les soins de notre ami Louis Courajod, dont l'érudition française déplore la perte toute récente, il est ainsi décrit par lui dans le catalogue du Musée de sculpture comparée du Trocadéro :

« La Vierge agenouillée, tournée de profil vers la droite, la tête nue, les cheveux pendants, les bras en croix sur la poitrine, les épaules couvertes d'un long manteau dont un ange porte la traine, s'incline devant le Christ, qui, assis à l'extrémité d'une cahière, la bénit de la main droite et maintient de la gauche le globe terrestre posé sur son. genou. Trois anges debout, les ailes déployées, assistent la Vierge, tandis qu'un quatrième sortant d'une nuée, soutient une couronne au-dessus de sa tête. Un arc en anse de panier, à redents fleuronnés, entouré d'un bandeau de choux frisés, sert de cadre au tableau ; deux anges thuriféraires occupent les écoinçons supérieurs ; au bas, trois autres anges soutiennent des écussons aux armes d'Orléans : de France, au lambel à trois pendants. »

Exécuté dans le premier quart du xvᵉ siècle, avant 1407, ce relief qui a 5 m. 10 de hauteur sur une largeur de 6 m. 40, se trouve placé à 17 mètres au-dessus du sol.

D'après Courajod, cette œuvre paraît appartenir à l'Ecole flamande.

Arrêtée à la mort du duc d'Orléans, la construction du château de la Ferté-Milon resta inachevée, cependant la partie élevée déjà, et dont nous ne pouvons exactement fixer l'étendue, offrait une importance suffisante pour constituer un édifice qui servit de point de défense dans les guerres des anglais et des bourguignons ; plus tard, pendant la Ligue, il soutint victorieusement, sous la conduite de Saint-Chamans, un siège de quatre mois contre Henri IV et le maréchal de Biron, et n'ouvrit ses portes à l'armée royale qu'à la suite d'une capitulation des plus honorables.

Il nous reste encore à parler des deux églises de La Ferté-Milon, remarquables toutes les deux par les verrières qui les décorent, mais cette description nous entraînerait trop loin, et après avoir salué la statue en marbre de Racine, en costume romain, œuvre de David d'Angers, datée de 1828, mais qui ne peut être comptée parmi les meilleures du grand sculpteur, nous regagnons le café de la gare où en attendant le train et en regardant la pluie qui, cette fois, tombe sérieusement,

nous nous offrons des apéritifs et des rafraf-
chissements variés, auxquels quelques esto-
macs prévoyants, inquiets sur l'heure du
dîner, joignent des biscuits, et même une
omelette au lard.

A huit heures et quelques minutes, le train
nous ramène à Compiègne, et, en route, nous
formons déjà des projets pour une nouvelle
excursion.

TABLE

Compiègne. — Imp. POUTREL Fr., 9, rue des Pâtissiers.

www.ingramcontent.com/pod-product-compliance
Lightning Source LLC
Chambersburg PA
CBHW071942090426
42740CB00011B/1787